Barfuß klettern

Michael Gerber

Barfuß klettern

Ermutigungen für Christen heute

HERDER

FREIBURG · BASEL · WIEN

Die Bibeltexte folgen der Ausgabe:
*Die Bibel. Die Heilige Schrift
des Alten und Neuen Bundes.
Vollständige deutsche Ausgabe*
© Verlag Herder, Freiburg im Breisgau 2005

DIE BIBEL

MIX
Papier aus verantwor-
tungsvollen Quellen
FSC® C083411

© Verlag Herder GmbH, Freiburg im Breisgau 2015
Alle Rechte vorbehalten
www.herder.de
Umschlaggestaltung: Verlag Herder
Umschlagmotiv: © Andreas Gerhardt, Freiburg
Satz: Barbara Herrmann, Freiburg
Herstellung: CPI books GmbH, Leck

Printed in Germany

ISBN 978-3-451-34821-1

Inhalt

Vorwort

Zum Geburtstag hatte eines meiner Patenkinder eine spezielle Bitte an mich: ein gemeinsamer Tag mit mir im Kletterwald. Es folgte ein wunderschöner Ausflug an einem sonnigen Frühlingstag. Zwischen Baumkronen und Holzplattformen hangelten wir uns Seillänge um Seillänge voran. Einiges habe ich bei jenem Ausflug gelernt: So hängt beim Klettern im Hochseilgarten vieles davon ab, wo und wie man den Schwerpunkt richtig setzt. Zudem ist es gut, wenn man den Blick nach oben richtet und weniger auf den schwindelnden Abgrund unter den eigenen Füßen. Ist dies nur beim Klettern so?

Wenn Bergsteiger eine Steilwand bezwingen wollen, dann braucht es jemanden, der vorausklettert. Tastend sucht er nach der richtigen Route. Ab und zu muss er sich auch eingestehen, dass er sich verstiegen hat. Es ist notwendig, dann umzukehren und ein Stück zurückzuklettern. Zugleich braucht es denjenigen, der auf festem Grund stehen bleibt und sichert. Für ihn und seine Kameraden ist diese Aufgabe lebensnotwendig. Zwischen denen, die vorausklettern, und denen, die sichern, muss eine gewisse Spannung herrschen. Das Seil zwischen ihnen darf nicht zu straff und auch nicht zu locker sein. Kein Bergsteiger käme auf die Idee, es bräuchte in ihrer Gruppe ausschließlich Pioniere, die vorausklettern oder solche, die sichern. Auch hier können wir von den Bergsteigern einiges lernen.

Von diesem Tag im Kletterwald habe ich für mich einige wertvolle Impulse mitgenommen. Dazu gehört nicht nur die Erfahrung, dass – bei aller Begeisterung für die Berge – Klettern wohl nie zu meinen Lieblingssportarten gehören wird. Mir fehlt dazu eine gewisse Schwindelfreiheit. Schwindelgefühle können sich auch einstellen, wenn wir an die vielfältigen Herausforderungen für uns als Christen und als Kirche denken. Wie geht das, heute glaubwürdig mitten in dieser Welt zu leben?

In den ersten Jahren als Bischof habe ich mich immer wieder als Lernender erlebt – und ich hoffe, dass dies auch in Zukunft so bleibt. Es gab – und gibt – viele Begegnungen mit Menschen, die mich nachhaltig beeindrucken und mir manch neuen Horizont eröffnen. Diese Erfahrungen haben mir auch einen neuen Blick auf die Texte der Bibel geschenkt. Ich frage mich: Mit welcher inneren Haltung sind Menschen damals ihren Weg gegangen und haben ihre Herausforderungen angenommen? Was können wir von ihnen lernen? Wie können wir uns – auch unter ganz anderen äußeren Umständen – ihre Grundeinstellung zur Welt und zum Leben mit Gott zu eigen machen?

Auf dem Hintergrund jener Erfahrungen und Fragen ist dieses Buch entstanden. Allen, die mir bei der Entstehung geholfen haben, möchte ich von Herzen danken. Mein Dank gilt besonders auch den Menschen, die mich zu manchem Kapitel inspiriert haben. Das Buch versteht sich als eine Ermutigung, vor allem im

»Buch des eigenen Lebens« zu lesen. Eine solche »Lektüre« des eigenen Lebens kann uns einen neuen Zugang schenken zu den Menschen, mit denen wir es tagtäglich zu tun haben. Darin können wir – wie die Menschen, von denen die Bibel erzählt – Gott als den entdecken, der uns bestärkt, begleitet und nicht selten auch herausfordert.

Freiburg, den 12. Juni 2015
+ Michael Gerber

1. Zwischen Rauch und Sand – Eine Hinführung

Er führte mich hinaus in die Weite, /
er brachte mir Rettung, weil er mich liebt.
(Ps 18,20)

Unsere erste Nacht in der Wüste ist angebrochen. Am Mittag war unsere Gruppe von einer Oase aus losgezogen. In der Nähe eines Felsens und damit zumindest einigermaßen geschützt vor dem Wind haben wir einen Lagerplatz gefunden. Schnell sind unsere Schlafsäcke im Sand ausgebreitet. Wir befestigen sie mit einigen Steinen gegen den stärker werdenden Wind. Bald kommt die Nacht und mit ihr die Kälte. Das Mahl ist angerichtet. Die Ladefläche eines verbeulten Geländewagens dient als Buffet. In unserer Mitte knistert ein Lagerfeuer. Bei uns sitzen auch die Beduinen, die unsere Tour begleiten. Über uns leuchten die Sterne in unterschiedlichen Farben. Um uns herum herrscht Stille, fast völlige Dunkelheit breitet sich aus. Nur ganz in der Ferne grüßt der Schein eines anderen Lagerfeuers. Offenbar ist noch eine weitere Touristengruppe auf ähnliche Weise unterwegs wie wir.

Den Blick haben wir auf die Flammen gerichtet und beobachten das einfache, archaische und faszinierende Spiel des Feuers. Ab und zu wird die Stille durchbrochen. Lichtkegel kündigen ein Fahrzeug an. Der Dieselmotor eines Geländewagens klingt zwischen den Felsformationen in der ansonsten leeren Landschaft anders, als es uns vertraut ist, irgendwie hohler und doch sehr einnehmend. Vermutlich – so unsere erste Einschätzung – sind dies andere Beduinen, die noch zu einer Touristengruppe oder zu ihren Herden unterwegs sind. Und dennoch, bei all dem, was in diesen Jahren im Nahen und Mittleren Osten geschieht, spüren wir den Verlust eines gewissen Urvertrauens. Was, wenn hier ganz in der Nähe einer Staatsgrenze doch plötzlich einige Extremisten auftauchen, die aus einer Geiselnahme Kapital schlagen wollen? Nicht umsonst sind einige Gegenden, die vor wenigen Jahren noch gerne von Touristen aufgesucht wurden, heute unpassierbar. Erleichtert nehmen wir zur Kenntnis, dass das Fahrzeug – wie auch noch einige folgende Fahrzeuge – in sicherer Entfernung an uns vorbeifährt.

Wüstenerfahrungen

Autos und Sterne, eigentlich von Kindheit an vertraut, erscheinen plötzlich in anderen Farben oder bekommen einen anderen Klang. Gleichzeitig ist die Welt, in der wir uns sonst bewegen, hier in der Wüste plötzlich sehr fern. Die Sorge um einen warmen und sicheren Schlafplatz einerseits und die Faszination über die Wüstenlandschaft andererseits relativieren manche alltäglichen Fragen. So werden auch unsere Gespräche am Lagerfeuer zunehmend tiefgründiger, existenzieller. Der Humor kommt nicht zu kurz, doch werden mehr und mehr wichtige Lebenserfahrungen ausgetauscht: Geschichten kommen zur Sprache, die von Leben und Tod erzählen, von Krankheit und dem Verlust geliebter Menschen.

An diesem Abend wird mir tiefer bewusst, dass unsere Religion eine wesentliche Wurzel in der Wüste hat. In ihr steckt die Urerfahrung jener Hebräer, die offenbar existenzielle Erfahrungen von Bedrängnis und Freiheit gemacht haben, bevor sie auf sesshafte Bundesgenossen in Palästina stießen. Auch Jesus war vor seinem öffentlichen Auftritt längere Zeit in der Wüste, ebenso der Täufer Johannes. Einige Zeit später begann unter den ersten Christen mit den sogenannten »Wüstenvätern« eine Bewegung, welche die Kirche nachhaltig prägte. Im fünften Jahrhundert zog sich Benedikt von Nursia in eine Höhle im mittelitalienischen Subiaco zurück. Ignatius von Loyola, an der Schwelle zur Neuzeit, lebte nach seiner Bekehrung für einige Zeit abgelegen in den Pyrenäen. Beide lebten zwar nicht in der Wüste, machten aber ihre eigenen »Wüstenerfahrungen«.

Fehlt es der Kirche an Wüstenerfahrungen? Die biblischen Texte werden mit großer Regelmäßigkeit von Christen gelesen, und gerne werden Metaphern aus der Bildwelt der Wüste gebraucht. Aber – haben wir diese ursprünglichen Wüstenerfahrungen im Laufe der Zeit zu sehr domestiziert? Haben sie damit ihre Kraft verloren, Anschluss zu finden an existenzielle Fragen, die gerade auch heute aus der Tiefe unserer Seele kommen? Kennen wir den »Geruch der Schafe« nur als ein vielzitiertes Wort von Papst Franziskus? Oder haben wir eine

Ahnung, welche Bedeutung der scharfe Geruch dieser Tiere möglicherweise in der Wüste hat als ein Hinweis, dass es in der Nähe Gras, Schafe und Hirten gibt und somit Leben und Sicherheit? Denken wir bei »Spuren im Sand« nur an die vielleicht inzwischen zu oft zitierte amerikanische Geschichte oder erinnert uns dies auch an die Erfahrung, was es bedeutet, nach einem Sandsturm wieder auf eine sichere Fährte zu stoßen?

Mitten im Alltag

Nicht jeder hat die Möglichkeit, in die faszinierende Welt einer geographischen Wüste einzutauchen. Aber gerade Gestalten wie Benedikt von Nursia und Ignatius von Loyola zeigen uns, dass sich Wüstenerfahrungen auch anderswo finden lassen. Solche Orte finden wir da, wo wir Selbstverständlichkeiten hinter uns lassen, unseren Geist und – so gut es geht – auch unseren Körper herausfordern. Das geschieht da, wo wir bereit sind, uns den Fragen auszusetzen, die kommen. Eine Wüstenerfahrung ist möglich, wo wir der Versuchung widerstehen, zu schnell Antworten zu finden oder nach nur wenigen Stunden via Smartphone die Welt dieser Herausforderungen und Fragen schon wieder zu verlassen. Ich denke an die Erfahrung bei Exerzitien, auf Pilgerwegen, während Zeiten im Kloster oder auch an eine persönlich und bewusst gestaltete Fastenzeit. Wüste ist kein Luxusgut – im Gegenteil! Wer sich in unfreiwilligen Stunden des Wachens mit seiner Krankheit auseinandersetzt oder die abendliche Einsamkeit an einem Arbeitsort fern der Heimat aushält, macht vielleicht intensivere Wüstenerfahrungen als so mancher Tourist, der im klimatisierten Geländewagen für ein paar Stunden durch die Sanddünen braust.

In den Ordensgemeinschaften gibt es eine Tradition, vor wichtigen Entscheidungsschritten solche Zeiten zu gestalten, die existenzielle Erfahrungen der Wüste aufgreifen. Man nennt diese Phasen dann Noviziat, Terziat oder auch die jährlich wiederkehrenden Exerzitien. Menschen spüren hier eine Sehnsucht und entdecken in einem Kloster, welcher Schatz in so einer Erfahrung liegen kann. Ein Blick in die Kirchengeschichte zeigt, dass große geistliche Prozesse selten ihren Ausgangspunkt nahmen bei ausführlichen Sitzungen in klimatisierten Räumen, versorgt mit einem entsprechenden Catering. In der Regel war der Beginn tiefgreifender und nachhaltig wirkender Reformprozesse mit einem originellen Nachvollzug dessen verbunden, was uns die Bibel im Bild des »Exodus« präsentiert. Ignatius von Loyola macht sich auf die Pilgerschaft ins Heilige Land, Teresa von Ávila verlässt mit ihren Gefährtinnen das allzu verbürgerlichte Kloster und gründet einen neuen Konvent.

Exodus am Anfang

Dieser Gedanke des »Exodus am Anfang« steht auch am Beginn meiner Wüstenerfahrung. Denn vor gut 20 Jahren hatten sich die damaligen Verantwortlichen der Freiburger Priesterausbildung Gedanken gemacht, was denn wohl am Beginn einer solchen Ausbildung stehen könnte. Heraus kam ein zunächst ungewöhnlich klingendes Konzept. Zuerst leben die Neuanfänger gut drei Monate in Freiburg im Seminar. Dort erhalten sie eine spirituelle Einführung und kümmern sich tagsüber in verschiedenen caritativen Projekten um die Bedürftigen der Stadt. Es folgt eine Wüstenzeit. In der neunwöchigen sogenannten »Bibelschule« an »Originalschauplätzen«, zwischen Nazaret, Jerusalem und Jordanien, sollen die Seminaristen Dem auf die Spur kommen, der sein Volk immer wieder im Laufe der Geschichte von den Fleischtöpfen hinaus in die Wüste führt. Einige der Kapitel dieses Buches erzählen von Erfahrungen, die ich an diesen Orten zusammen mit den Studenten machen durfte.

Zurück zum Abend am Lagerfeuer in der Wüste: Ohne Zweifel ist es auch die Umgebung, die manches Gespräch mit Tiefgang provoziert. Eine Landschaft, in der plötzlich nichts mehr selbstverständlich ist, Nahrung, Wasser und sogar Sicherheit, stellt die Frage nach dem, was das Leben trägt. So erzählen wir uns von Erfahrungen, wie Menschen aus unserem Umfeld in bestimmten Situationen ihr Leben bewältigt haben und was ihnen dabei geholfen hat. Erfahrungen können wir nicht kopieren und nachahmen. Aber wir können studieren, welche Grundhaltung und welche Einstellung zum Leben sich in einer solchen Situation zeigt und wo dies auch für andere Herausforderungen bedeutsam sein könnte.

Als wir am nächsten Tag beim ersten Sonnenlicht zu Fuß aufbrechen, um die Kühle des Morgens zu nutzen, gehen mir die Geschichten der Nacht noch nach. Sie begleiten mich wie das Tagesgepäck und die Wasserflasche, die ich mit mir führe. Die karge und doch so faszinierende Landschaft sowie das bewusst gewählte morgendliche Schweigen der Gruppe regen zu Assoziationen an: Wo habe ich auf meinem Lebensweg Ähnliches erlebt?

Wenig später halten wir für eine Rast. Schweigend lesen wir einen längeren Abschnitt aus einem der Bücher des Alten Testaments. Wir lassen uns berühren von Geschichten, die sich 3000 Jahre vor uns in ähnlicher Umgebung Nomaden am Lagerfeuer erzählten. Es sind Geschichten von Gott und der Welt, Geschichten von Leben und Tod. Auch damals werden die Nomaden die Erfahrung gemacht haben, dass diese Geschichten ihnen einen Horizont eröffnen, dass sie Ermutigung sind, an das Leben zu glauben und ihren Weg jetzt hier in dieser Wüste weiterzugehen. Sie werden im Spiegel dieser Geschichten ihre eigene Lebensgeschichte neu gedeutet haben. Und dadurch wurden ihnen diese erzählten Geschichten so kostbar, dass sie sie schließlich aufgeschrieben haben.

Ergehen

Diese biblischen Erzählungen sind ein wesentlicher Bestandteil dessen, was Theologen »Offenbarung« nennen. Während des Theologiestudiums habe ich gelernt, mich mit der Frage auseinanderzusetzen, ob es unserer Vernunft entspricht, daran zu glauben, dass Gott sich in seiner Schöpfung äußert. Das setzt ein Gottesbild voraus, nach welchem Gott als dialogisch gedacht wird. Die Frage geht noch weiter. Können wir mit unserer Vernunft annehmen, dass diese Äußerung Gottes »ergangen« ist in der konkreten Geschichte jenes Volkes Israel und in der Geschichte des Jesus von Nazaret? Ist es vernünftig, Geschichte so zu verstehen, dass sich in ihr ein Dialog abspielt zwischen Gott und seinem Volk – wie auch immer man sich diesen Dialog vorzustellen hat?

Während meiner Wüstenwanderung bekommt diese Frage nach dem »ergangenen Wort Gottes« für mich eine weitere Bedeutung. Indem ich *gehe,* entdecke ich Parallelen zwischen den biblischen Geschichten und den Geschichten, die mir mein Leben erzählt. Manch biblische Erzählung erscheint mir allerdings noch immer als sehr weit weg von meiner Lebenserfahrung. Doch das Gehörte und in der Bibel Gelesene wird in einigen Fällen zur Ermutigung, in den Geschichten, die mir mein Leben schreibt, Neues zu entdecken. In diesem Er-Gehen, Schritt für Schritt in der Wüste oder auch im heimatlichen Schwarzwald, kann ich eine ganz eigene Erfahrung machen: Ich entdecke, dass einige Themen jener biblischen Geschichten auch in meinem Leben aufleuchten. Bei manchen ist dies mehr, bei anderen weniger der Fall. Das schließt gerade nicht aus, dass mir nicht weniges davon fremd und unverständlich bleibt. Hier wie dort sind es Geschichten von Leben und Tod, von Selbsterkenntnis und Unverständnis, von Entdeckung und Ent-Täuschung, von Lob, Dank, Bitte und von Anklage. Es sind Geschichten von tiefer Einsicht wie von Nicht-verstehen-Können und Nicht-verstehen-Wollen.

Geschichten mit Leuchtkraft

Mir drängt sich dabei das Bild eines Prismas auf. Dieses zeigt an, welche Fülle von Farben in dem aufscheint, was der Betrachter zunächst einfach als »Licht« wahrnimmt. Wo biblische Geschichten durch die »Lichtbrechung« heutiger Lebensgeschichten hindurch gelesen werden, können sie eine neue Leuchtkraft entfalten. Ihr urwüchsiger und zugleich lebenspraktischer Charakter wird neu erfahrbar. Sehr oft bleibt jedoch die Herausforderung, nicht alles verstehen zu können und dennoch darauf zu setzen, dass uns darin manche neue Sichtweise erschlossen werden kann.

Der vorliegende Band ist der Versuch einer solchen Deutung. Die einzelnen Kapitel gehen ausgewählten Stationen des Lebens Jesu und der frühen Kirche nach. Sie verstehen sich vor allem als Anregung, selbst den eigenen Geschichten nachzugehen und sie mit biblischen

Erzählungen in Beziehung zu setzen. Zugleich versteht sich dieses Buch als Ausdruck einer Hoffnung, dass die Kirche und mit ihr ihre einzelnen Glieder und Teilkirchen neu in jenen alten nomadischen Rhythmus zwischen Er-Gehen und Lagerfeuer hineinfinden. Bei all dem, was von der Kirche heute gefordert ist, braucht es – wie bei unseren biblischen Vorfahren – Wege, um aktuellen Lebensgeschichten nachzugehen und diese mit dem Gott der Bibel ins Gespräch zu bringen. Um uns hier nicht zu überfordern: Auch bei einer Wüstenwanderung ist nicht jede Wegstrecke gleich ein Er-gehen in diesem Sinne und wird nicht jede Rast zum tiefsinnigen Gespräch am Lagerfeuer. Aber es gibt die Erfahrung, dass beides in regelmäßigen Abständen wiederkehrt. Am Lagerfeuer kommen diejenigen, die mit ihrer Geschichte ringen, darüber ins Gespräch. Nicht alles ist dort gleich Thema. Es braucht auch ein gutes Maß an Sensibilität füreinander.

Kehren wir zurück zum Lagerfeuer gegenwärtiger Christen und ihren dort erzählten Geschichten. Eine Runde am Lagerfeuer, ob in der orientalischen Wüste oder auf einer Wiese im Schwarzwald, führt uns heran an sehr archaische, existenzielle Erfahrungen. Wir starren in die Glut und beginnen, Geschichten zu erzählen. Wir können in Berührung kommen mit dem, was unsere Seele in ihrer Tiefe bewegt. Es geht um die Glut des Herzens und das bisweilen bizarr erscheinende Spiel des Feuers in der eigenen Seele.

Es ist möglich, dass solche Lagerfeuererfahrungen in Zeiten kirchlicher Krisen und Spannungen auch neu Wege zur Einheit bereiten. Wer als Tourist vor der Wüstentour in einem der großen Hotels am Toten Meer zu Gast ist, der zeigt sich – wie in unzähligen anderen Hotels auf der weiten Welt – bisweilen genervt vom Gehabe anderer Touristengruppen. Kreuzen sich die gleichen Touristengruppen wenig später auf ihren Wegen durch die Wüste, so sind sie hocherfreut, inmitten der Einsamkeit plötzlich Gleichgesinnte zu treffen. Sie entdecken nämlich bei allen bleibenden kulturellen Unterschieden zuerst das grundlegend Gemeinsame: Wir sind in ähnlicher Weise auf dem Weg durch die Wüste. Plötzlich geht es auch nicht mehr um den seltsamen Habitus der Gäste am Nachbartisch, sondern um existenzielle Fragen: Ist der Weg gangbar, welche Erfahrungen habt ihr mit dieser Route? Der nächtliche ferne Widerschein des Feuers einer anderen Touristengruppe und die von dort hörbaren Stimmen, welche die Stille durchbrechen, transportieren vor allem die eine wichtige Botschaft: Es gibt noch andere, die hier unterwegs sind und die wie wir am Lagerfeuer sitzen. Sie sprechen anders, ihr Lagerfeuer ist woanders, aber es kann für uns sehr wichtig sein, dass sie da sind. Und möglicherweise ist es für sie wichtig, dass wir da sind. In diesem Sinne wünsche ich uns solche Erfahrungen von Wegen und Lagerfeuern. Möge dabei die Grunderfahrung des Volkes Gottes durchscheinen: Er, Gott, ist vor allem und in allem der Gott unserer Geschichte. Unsere Geschichte ist seine Geschichte, bisweilen verworren, hell wie ein Feuer und dunkel wie die Wüstennacht zugleich. Es ist die Geschichte, in der seine Gegenwart aufleuchten will, im Wort der Schrift, die Christen als »Heilige Schrift« bezeichnen, wie in der Glut unseres Herzens.

2. Bewegende Worte

Maria aber bewahrte alle diese Worte
und erwog sie in ihrem Herzen.
(Lk 2,19)

Gerade habe ich die Altstadt von Jerusalem verlassen. Mein Weg entlang einer befahrenen Straße führt bergab. Vor mir taucht ein größeres Straßenschild auf. »Betlehem« steht dort geschrieben. Der Pfeil zeigt schräg nach rechts. Wie bei Straßenschildern im Heiligen Land üblich, ist der Name der Stadt gleich dreimal angeschrieben, oben hebräisch, in der Mitte arabisch und unten mit lateinischen Schriftzeichen. Es sind drei Sprachen, die für drei unterschiedliche Kulturkreise stehen.

Unvermittelt überlege ich, wie man mit diesem Straßenschild oder einem Foto davon ein wunderschönes Symbolbild gestalten könnte nach dem Motto: »Drei Kulturkreise – ein gemeinsames Ziel«. Und wäre nicht allein der Name »Betlehem« – »Haus des Brotes« – schon ein gemeinsames Ziel? Möglicherweise war für die Namensgebung jener Siedlung im Süden Jerusalems einst entscheidend, dass hier der Ort war, an dem sich Karawanen nochmals mit Brot versorgten, bevor sie in die Wüste des Negev aufbrachen. Die Perspektive, dass es auf dieser Welt viele »Häuser des Brotes« braucht, wäre doch schon ein sehr guter »kleinster gemeinsamer Nenner« auf der Suche nach Gemeinsamkeit zwischen den Kulturen.

Wenig später stehe ich mit einem Mitbruder in der Stadt, auf welche das Straßenschild hingewiesen hat. Längst nicht alle, die eben noch in Jerusalem am Straßenschild vorbeigefahren sind, kommen hier an. Kaum ein Israeli traut sich nach Betlehem. Mein Gedanke von eben mit dem Straßenschild-Symbolbild erweist sich als Illusion. So werde ich nachdenklich.

Begegnungen an der Grotte

Wir gehen in die Geburtskirche in Betlehem und beten einige Zeit an der Geburtsgrotte. Nach wenigen Minuten kommt eine Gruppe junger muslimischer Frauen die Stufen zur Grotte hinunter. Etwas unsicher und doch voller Respekt vor dem ehrwürdigen Ort stehen sie da. Sie blicken sich interessiert um, nehmen die einzelnen Gegenstände und auch die stillen Beter in Augenschein. Da kommen zwei auf uns zu und stellen uns auf Englisch die Frage: »Was ist das hier für ein Ort, was ist hier passiert?« Im ersten Moment bin ich irritiert. Ich gehe davon aus, dass es sich um junge Frauen handelt, die irgendwo aus Palästina für einen Tagesausflug hierhin nach Betlehem gekommen sind. Sie müssten doch irgendeine Ahnung haben, was wir an Weihnachten feiern – so denke ich. Der Mitbruder und ich versuchen, so gut es geht, zu erklären, woran Christen sich hier erinnern. Aber ich erlebe, es sind doch ganz unterschiedliche Menschen, die auch heute zum Ort der Krippe kommen.

In den sogenannten Kindheitsgeschichten zu Beginn des Matthäus- und des Lukasevangeliums wird uns das so geschildert, als sei es auch damals eine sehr heterogene Schar gewesen, die sich beim Kind eingefunden hat. Es sind Menschen ganz unterschiedlicher Kulturen. Neben den Hirten, die eher am Rande der Gesellschaft stehen, kommen Menschen eines anderen Glaubens, die Sterndeuter aus dem Orient. Schließlich aber finden auch Menschen, die tief im jüdischen Glauben verwurzelt sind, Simeon und Hanna, zum Kind. Der greise Seher nimmt das Kind sogar in seine Arme, dann preist er Gott. Wir können darin die Botschaft entdecken, dass tatsächlich ganz unterschiedliche Menschen auf irgendeine Weise mit Jesus in Berührung kamen. Das blaue Straßenschild auf dem Weg nach Betlehem mit den unterschiedlichen Schriftzeichen verweist also doch auf eine Wirklichkeit. Zu Jesus finden jene, die tief im Volk Israel verwurzelt sind. Genauso kommen mit Jesus diejenigen in Berührung, die am Rande des Volkes stehen und ihren Platz jeweils neu suchen müssen, sowie diejenigen, die einer ganz anderen Kultur und Religion angehören.

Fassbar und zugleich unbegreiflich

Interessanterweise zeichnet der Autor des Lukasevangeliums am Ende des Lebens Jesu ein ganz ähnliches Bild. Ob dies Absicht ist? Beim Tod Jesu ist es zuerst der – heidnische – Hauptmann, der bekennt: »Wahrhaf-

tig, dieser Mensch war ein Gerechter!« (Lk 23,47b)
Anwesend sind auch die »Bekannten« Jesu, also jene,
die aus Galiläa, aus einfachen Berufen und damit im
mehrfachen Sinne des Wortes vom »Rande« des Gottesvolkes kamen. Dem Autor ist der Hinweis wichtig, dass
sie hier in einiger Entfernung (vgl. Lk 23,49) stehen.

Mit etwas zeitlicher Verzögerung – ähnlich wie
dies bei Simeon und Hanna im Tempel war – kommen
auch hier zum Kreuz Vertreter, die eng mit dem Tempel
verbunden sind. Im Lukasevangelium wird Josef aus
Arimathäa genannt. Er ist Mitglied des Hohen Rates
und dadurch eng mit dem Tempel verbunden. Nachdem
er den Leichnam abgenommen hat, hüllt er ihn in ein
Leintuch. Stellt man sich die Szene bildlich vor, so er-
gibt sich eine eigenartige Parallele zu jenem greisen Simeon, der das in Windeln gewickelte Kind in seinen Ar-
men hält.

Josef von Arimathäa lässt Jesus im Felsengrab be-
statten. Jesus hat nun seinen endgültigen Ort, seine
»letzte Ruhestätte« gefunden, wie wir gerne sagen.
Doch weit gefehlt! In der Botschaft der Evangelien
wird das Grab genau zu dem Ort, an dem sich zeigt,
dass er, der hier fest eingewickelt ins Grab gelegt wurde, zugleich der Unfassbare bleibt. Ein eigenartiges Pa-
radoxon: Wer die Erfahrung der Nähe Jesu macht, erfährt ihn vor allem als den Unfassbaren.

Die Erfahrung des greisen Simeon und des Ratsher-
ren Josef ist auf noch sehr viel existenziellere Weise die
Erfahrung der Mutter Jesu. Sie trägt ihn nicht nur auf
dem Arm, sondern neun Monate in ihrem Schoß. Der

Charakter des Unfassbaren, der in der österlichen Botschaft durchscheint, zeigt sich ihr nicht erst im Nachhinein, am »dritten Tag« nach dem Tod Jesu. Vielmehr ist dieser Charakter präsent gleich im ersten Moment, also neun Monate vor der Geburt ihres Sohnes. »Wie soll dies geschehen?« (Lk 1,34) So war dem Lukasevangelium gemäß ihre erste Reaktion und wohl immer wieder wird sie diese Frage eingeholt haben. Offenbar gehört es zum Christsein dazu, Fragen auszuhalten, manche Fragen sogar ein Leben lang auszuhalten. Ihr Leben lang wird Maria auch die Frau jener Frage gewesen sein: Wie soll dies geschehen?

Menschen verbinden

Vielleicht wurde ihr gerade deswegen, weil sie diese Frage aushielt und nicht vorschnell zusammenbrachte, was nicht zusammenpasst, die Fähigkeit geschenkt, auf ganz eigene Weise Vorgänge und vor allem Menschen zusammenzubringen. Jedenfalls begegnet uns Maria in den Evangelien vor allem dort, wo Menschen zueinanderfinden. Da besucht sie Elisabet und ihren Mann Zacharias. Diesem hat es die Sprache verschlagen, weil er die Schwangerschaft seiner Frau nicht verstehen kann. Später im Tempel sind es Simeon und Hanna, die gemeinsam zu Jesus finden. Das Brautpaar von Kana wird durch Maria ermutigt, sich an Jesus zu wenden. Nach Ostern bleibt sie mit den Jüngern und deren ganz unterschiedlichen Erfahrungen im Abendmahlssaal.

Bei Lukas findet sich am Ende der Weihnachtsgeschichte eine Formulierung, welche der Tübinger Neutestamentler Fridolin Stier recht wortgetreu aus dem Griechischen so übersetzt: »Maria aber hielt alle diese Worte verwahrt und fügte sie in ihrem Herzen zusammen.« (Lk 2,19) Damit versucht der Autor des Lukasevangeliums offenbar ein Wesensmerkmal Mariens zu beschreiben. Sie konnte anscheinend unterschiedliche, bisweilen vielleicht sogar gegensätzliche Erfahrungen miteinander in Verbindung bringen. In ihrem Herzen haben Menschen einen Platz gefunden.

Wer Menschen miteinander in Beziehung bringen möchte, der muss diese Menschen tief in sein Herz aufgenommen haben. Wo Maria spricht, redet sie vom Menschen. Das Magnifikat, das ihr in den Mund gelegt wird, preist die Hungrigen und Niedrigen. Bei der Hochzeit schildert sie Jesus die Sorge des Brautpaares. Interessant auch die Schilderung der Begegnung mit dem Zwölfjährigen nach dessen Verschwinden. Sie hält keine große Rede, was da alles hätte passieren können, sondern sie berichtet kurz und prägnant, was dies für ihren Mann und für sie selbst bedeutet hat.

In diesem Sinne zeigt die biblische Darstellung von Maria auf, was ein Ziel christlicher Existenz ist: die Fähigkeit, Christus im Herzen zu tragen und mit ihm sich auch andere Menschen zu Herzen zu nehmen. Damit sind wir wieder beim Weg und den Wegzeichen. Ein einfaches Straßenschild kann offenbar kaum Menschen gegensätzlicher Art miteinander verbinden. Dies gelingt durch lebendige Wegzeichen. Es sind Menschen, die vom Menschen sprechen und die Menschen und deren Schicksal zu sich sprechen lassen. Diese Menschen sind sehr lebendige Wegzeichen, die nicht einfach stehenbleiben, wenn die Straße holprig wird. Vielmehr gehen sie voraus, und bisweilen, wie Maria bei ihrer Suche nach Jesus, auch hinterher.

3. Grenzerfahrungen

Johannes antwortete ihnen: Ich taufe mit Wasser.
Mitten unter euch steht der,
den ihr nicht kennt, der nach mir kommt,
dessen Schuhriemen aufzuknüpfen ich nicht würdig bin.
Das geschah in Betanien jenseits des Jordan,
wo Johannes taufte.
(Joh 1,26–28)

Früh am Morgen sind wir in Nazaret aufgebrochen. Der Vortag im Selbstversorgerhaus war für die Gruppe aus dem Freiburger Priesterseminar noch von Hektik gekennzeichnet. Einkäufe auf dem arabischen Markt wurden erledigt und die Wäsche gereinigt. Mangels Waschmaschine geschieht dies so, wie es unsere Großeltern in ihrer Kindheit erlebt haben.

Jetzt sitzen wir im Bus. Am späten Vormittag wollen wir die Taufstelle Jesu besuchen. Der Überlieferung nach wird dieser Ort in der Nähe der Stadt Jericho, jedoch auf der anderen Seite des Jordans, im heutigen Jordanien lokalisiert. So steuern wir zunächst in der Nähe des Sees Gennesaret einen der wenigen Grenzübergänge zwischen dem Staat Israel und dem Königreich Jordanien an. Bereits die Beschilderung lässt erahnen, dass sich diese beiden Staaten trotz eines Abkommens über den Grenzverkehr nicht allzu viel zu sagen haben. Zwar wird an jeder wichtigen Abzweigung die Richtung zum »Checkpoint« und der dazugehörigen Brücke angezeigt. Jedoch fehlt jeder Hinweis, um welches Land es sich auf der anderen Seite des Jordans handelt. Auf der Rückfahrt stellen wir später fest, dass die Beschilderung der jordanischen Seite exakt dem gleichen Prinzip folgt.

Der Checkpoint auf der israelischen Seite ist gut gesichert. Für uns EU-Bürger, die wir es nach dem Schengen-Abkommen gewohnt sind, den Übertritt in ein anderes Land nur noch an der veränderten Farbe der Straßenschilder auszumachen, ist dies gewöhnungsbedürftig. Es folgt eine längere Prozedur im Terminal auf der israelischen Seite. Unseren israelischen Reisebus haben wir samt Gepäck bereits verlassen, da dieser Bus die Grenze gar nicht überqueren darf. Schließlich finden wir uns in einem Pendelbus wieder, der uns die 500 Meter zur jordanischen Zollanlage fährt. Wir überqueren den Jordan. Zugegeben handelt es sich dabei an dieser Stelle um ein sehr bescheidenes Rinnsal. Auf der jordanischen Seite warten weitere Kontrollen. Die Grenzanlage ist ebenfalls gut gesichert, doch es herrscht eine gewisse Gelassenheit. So sind die anwesenden Beamten sichtlich darum bemüht, die Ankommenden spüren zu lassen, dass sie in ihrem Land willkommen sind. Auch hier müssen wir unsere Koffer durch einen Scanner schieben. Eine Polizistin, deren hochschwangere Freundin ihr Gesellschaft leistet, weist uns an. Endlich geht die Fahrt weiter durch das morgendliche Jordantal. Überall am Straßenrand sind Verkaufsstände für Obst und Gemüse aufgebaut.

Über den Jordan

Während der Busfahrt komme ich ins Nachdenken. Manchmal drängt sich in solchen Situationen angesichts gründlichster Grenzkontrollen, ob am Flughafen in Tel Aviv oder an der Brücke zu Jordanien, der stille und chauvinistisch angehauchte Gedanke auf: »Liebe Völker des Nahen Ostens, hier sind wir in Europa bei der Koexistenz unserer Staaten schon einen Schritt weiter, hoffentlich schafft Ihr das auch noch.« Nicht nur jüngere und allerjüngste Entwicklungen in Europa mahnen uns hier zu Zurückhaltung und Bescheidenheit. Neben der Tatsache, dass im Nahen Osten – und zunehmend auch bei uns – die Gefahr von Terroranschlägen gegeben ist, schadet uns auch ein Blick in die jüngere Geschichte jener Völker nicht. Die Bedeutung der millionenfachen Ermordung von Juden durch das NS-Regime für den Gründungsvorgang des Staates Israel ist uns noch einigermaßen bewusst. Für die jüngere arabische Geschichte ist die Erfahrung zentral, dass nach dem Ersten Weltkrieg und dem Zusammenbruch des Osmanischen Reiches die Region relativ willkürlich unter den Kolonialmächten aufgeteilt wurde. Israelis und Araber haben die Erfahrung einer kollektiven Demütigung erlebt, wenn auch auf sehr unterschiedliche Weise und in sehr unterschiedlicher Intensität. Ihre Existenz war – und ist – bedroht und wurde vielfach vernichtet. Dieses Grundgefühl, existenziell bedroht zu sein, kann die gesellschaftliche und politische Kultur einer Region entscheidend prägen.

Uns mag das, was wir im Nahen Osten beobachten, eine Mahnung für unser eigenes Handeln sein. Gerade angesichts der gravierenden wirtschaftlichen Unterschiede zwischen den Völkern Europas und der Notwendigkeit einer gemeinsamen Politik in zentralen Handlungsfeldern darf dies nicht in der Weise geschehen, durch welche einzelne Völker sich als kollektiv gedemütigt erfahren. Manche Auseinandersetzung ist unausweichlich. Doch muss dies im Bemühen darum geschehen, dass der Andere mit erhobenem Haupt seinen Weg weitergehen kann.

Auch manche Spannung, die wir in diesen Jahren in unserer Kirche erfahren, hat mit solchen Erfahrungen persönlicher oder auch kollektiver Demütigung zu tun. Das betrifft vor allem die Erfahrung, nicht gehört zu werden. Im Zuge des Missbrauchsskandals wurde dies mehr als deutlich. Nicht nur der Missbrauch an sich und dessen Folgen hatten bei den Menschen, die unmittelbar Opfer wurden, und oft auch bei deren Umgebung schwere Schäden hinterlassen. Auch war dies in vielen Fällen zusätzlich mit der Erfahrung verbunden, dass bereits in früheren Jahren Anzeige bei den zuständigen Stellen der Kirche erstattet wurde, diese jedoch nicht in dem Maße ernst genommen wurde, wie es der angezeigte Sachverhalt verdient hätte. Mir gehen einige Gespräche mit Menschen aus dem Umfeld von Missbrauchsopfern nicht mehr aus dem Kopf. Diese hatten mir von solchen Erfahrungen erzählt und an mich die Bitte gerichtet, ihnen Jahre später bei einem erneuten Zugehen auf die verantwortlichen kirchlichen Stellen zu helfen.

In dieser Zeit habe ich gelernt, im Umgang mit Andersdenkenden und insbesondere mit Kirchenkritikern bescheidener und vorsichtiger zu sein. Ich versuche, nicht gleich jedes Argument der Gegenseite aufzuspießen und mehr oder weniger theologisch fundiert zu widerlegen. Vielmehr übe ich mich darin, zuerst die Frage zuzulassen, wie er oder sie zu jener Überzeugung gekommen ist. Welche Lebensgeschichte steckt dahinter, welche Erfahrung hat jemand gemacht, die ich aus meinem Leben so nicht kenne?

Als Christen haben wir eine hohe Verantwortung. Bisweilen frage ich mich: Können die Spannungen, die wir in unserer Kirche, ob global oder im Alltag einer Pfarrgemeinde, erfahren, nicht auch bei allem erfahrenen Schmerz die Chance in sich bergen, hier einen neuen Stil der Verständigung einzuüben? Eine solche Übung könnte durchaus eine enorme gesellschaftliche Relevanz entwickeln. Nach dem Ende des Zweiten Weltkriegs spielten verantwortliche Politiker vormals verfeindeter Staaten Europas eine wichtige Rolle. Sie hörten auf, einander die Schuld aufzurechnen. Vielmehr wagten sie den Neuanfang eines gemeinsamen Europas. Heute spüren wir, dass dieses partnerschaftliche Modell des Miteinanders von Staaten infrage gestellt ist. Alternative Modelle, die wieder von der Hegemonie einzelner Völker über andere ausgehen, gewinnen heute neu an Bedeutung. Die Frage kollektiv erfahrener Demütigungen spielt dabei eine erhebliche Rolle, ob im Nahen Osten oder in Russland nach dem raschen Zerfall der Sowjetunion. Als Christen haben wir die Aufgabe, einen neuen Stil des Umgangs miteinander vorzuleben.

Überwundene Grenze

Zurück zur Busfahrt im Jordantal. Ein sehr praktischer Gedanke beschäftigt mich. Die Taufstelle Jesu war den Evangelien zufolge unmittelbar am Jordan gelegen – wo auch sonst? Doch der Jordan ist heutzutage, wie wir uns eben überzeugt hatten, eine beidseitig gut gesicherte Staatsgrenze. Was bedeutet das für diesen biblischen Ort? Ist es überhaupt möglich, als Pilger unmittelbar bis zum Jordan vorzudringen oder müssen wir uns mit einer Art »Ersatztaufstelle« zufriedengeben? Ist den beiden Staaten nicht die Gefahr zu groß, dass sich unter die Pilger Personen mischen könnten, welche die Grenze illegal überqueren wollen?

Nach längerer Fahrt verlassen wir den Bus an einer Stelle im Hinterland und machen uns zu Fuß auf den Weg. Wir passieren einige Ausgrabungen aus frühchristlicher Zeit und stellen erfreut fest, dass das Königreich Jordanien es den verschiedenen christlichen Kirchen erlaubt hat, an diesem Ort neue Kirchen zu errichten. Es ist eine Geste, die auf alle Fälle Eindruck bei den Pilgern hinterlassen soll. Schließlich stehen wir tatsächlich und etwas unvermittelt direkt am Ufer des Jordans. Der Fluss ist hier immerhin schon gut 15 Meter breit. Auf der anderen Seite ist ebenfalls ein Ort für Pilger. Über dieser Anlage weht die israelische Flagge.

Dezent und doch unübersehbar steht an beiden Ufern militärisches Wachpersonal.

Wir beobachten, wie auf der anderen Seite eine Gruppe orthodoxer Pilger ein Ritual der Tauferneuerung feiert. Mit weißen Gewändern tauchen sie in den Jordan ein. Für uns ist das etwas gewöhnungsbedürftig. Wir beginnen ebenfalls eine improvisierte Tauferneuerungsfeier. Sie ist etwas nüchterner und damit ohne rituelles Bad im Jordan. Inzwischen ist auf der gegenüberliegenden Uferseite neben den orthodoxen Christen eine weitere größere Pilgergruppe angekommen. Immer wieder schauen wir hinüber. Die Stimmung in unserer Gruppe schwankt zwischen andächtiger Ergriffenheit und Neugier für das, was hier um uns herum passiert.

Dann geschieht plötzlich etwas, womit wir nicht gerechnet haben. Gegen Ende unserer kleinen Feier stimme ich das Lied an: »Fest soll mein Taufbund immer stehen.« Und plötzlich hören wir laut und vernehmlich, wie auf der anderen Seite des Jordans die Neuangekommenen mit fester und sicherer Stimme unseren Gesang aufgreifen und verstärken. Der Gesang wird stärker und prägt plötzlich diesseits wie jenseits des Jordans die Atmosphäre. Orthodoxe Pilger, israelische und jordanische Wachposten hören unvermittelt, wie auf beiden Seiten des Jordans in einer für sie fremden Sprache Menschen dasselbe Lied singen. Es sind Menschen, die sich vorher nie gesehen haben und die sich folglich auch nicht absprechen konnten. Die schwer bewachte Grenze hat – wenn auch nur für einen

kurzen Moment – einen neuen Durchlass: Das Bekenntnis im Lied verbindet Glaubende auf beiden Seiten.

Per Zuruf tauschen wir noch die E-Mail-Adressen
aus, so dass wir uns von zuhause Fotos »über den Jordan hinweg« der jeweils anderen Gruppe zusenden
können. Persönlich begegnet bin ich dieser Pilgergruppe
aus der Nähe von Köln später nie. Und dennoch ist mir
diese Begegnung am Jordan bleibend unter die Haut gegangen.

Perspektivwechsel

Die Grenze ist da und sie bleibt auch bestehen. Doch
erscheint sie plötzlich aus einer anderen Perspektive.
Die Grenze hat nicht das letzte Wort. Da ist ein Wort –
das gemeinsame Bekenntnis –, das die Grenze überwin-
det. Noch heute bin ich dankbar für diese Taufkateche-
se, die mir am Ort der Taufe Jesu geschenkt wurde.

Gemäß dem Johannesevangelium tauft Johannes
der Täufer »jenseits des Jordan« (vgl. Joh 1,28 und
Joh 3,26), also auf dem Gebiet des heutigen Jordanien.
Diese Ortsangabe von der »anderen Seite« kann man
tiefgründiger verstehen und nicht nur als einen topogra-
phischen Hinweis. Wir können sie deuten als Einladung
zu einer veränderten Haltung gegenüber der »Landschaft«, in der wir leben. Die Predigt des Johannes zielt
ja auf Umkehr. Passend dazu fordert der Standort des
Johannes (im wörtlichen wie im übertragenen Sinne)
die jüdischen Pilger aus Jerusalem oder Jericho zum

Perspektivwechsel heraus. Sie sollen die Stadt, aus der sie kommen, und die Landschaft, in der sie wohnen, aus einer neuen, ungewohnten Perspektive wahrnehmen, eben von der anderen Seite des Flusses her. Mit der Taufe und der damit verbundenen Predigt ist der Getaufte also herausgefordert, seine Welt und in ihr die Menschen aus einer neuen Sicht zu betrachten.

Da gilt es natürlich auch, Grenzen realistisch im Blick zu behalten. Hätten wir Pilger die Staatsgrenze am Jordan einfach ignoriert, so hätte dies schwerwiegende Folgen haben können. Anderseits will uns diese neue Perspektive als Getaufte die Einsicht schenken, dass die Grenze nicht das letzte Wort hat, sondern dass das Verbindende, Einende stärker ist.

Zurück zur Ortsangabe im Johannesevangelium: Für die jüdischen Zeitgenossen ist der Hinweis auf das östliche Jordanufer in der Nähe von Jericho alles andere als belanglos. Es geht nicht nur um irgendeine Art von Perspektivwechsel. Eine andere Perspektive auf das verheißene Land haben schließlich auch die Seefahrer, die vom Mittelmeer aus auf die Küste zufahren. Nein, hier bei Johannes geht es um deutlich mehr. Im Gebiet von Jericho lokalisiert man die Stelle, an der einst Josua mit den Israeliten den Fluss überschritt und damit erstmals das verheißene Land betrat. Die Vorstellung, welche jene hier geschilderte Szene nahelegt, nämlich dass der eben von Johannes Getaufte nun – wie einst Josua – durch den Jordan wieder nach Israel einzieht, löst also zu jener Zeit einige Assoziationen aus. Denn zur Zeit Jesu ist dieses verheißene Land längst besetzt und so mancher Jude fühlt sich angesichts fortdauernder Repressalien als Fremder im eigenen Land. Noch gravierender ist die Situation zur Zeit der Entstehung des Johannesevangeliums. Jerusalem ist zerstört, ein Großteil der jüdischen Bevölkerung vertrieben.

Hier am Jordan hatte Israel einst die Erfahrung gemacht: Jene Verheißung des Herrn, die uns auf dem Weg durch die Wüste begleitet hat, war kein leeres Versprechen, sondern sie verwirklicht sich. Doch das war und ist lange her. Auch mag die hier anklingende Szene von der ursprünglichen Landnahme Israels, wie sie im Buch Josua geschildert wird, dem heutigen aufgeklärten Leser bei tieferem Nachdenken grundsätzlich fragwürdig erscheinen. Kann in der hier beschriebenen militärischen Eroberung eines Landes und der kompromisslosen Unterwerfung der Urbevölkerung irgendetwas Vorbildhaftes oder gar so etwas wie der Vollzug eines göttlichen Willens entdeckt werden? Zu bedenken ist auch, dass das Buch Josua nicht einfach eine exakte Schilderung der historischen Landnahme beschreibt. Diese vollzog sich über einen langen Zeitraum hinweg in Form einer allmählichen Besiedelung des Landes.

Solch ein Text wie das Buch Josua ist im Kontext der Situation seiner Entstehung zu betrachten. Damals war Israel bedrängt durch das babylonische Großreich. Das 23. Kapitel des Buches Josua lässt diese Situation anklingen. Die Grundbotschaft kann man so zusammenfassen: Dieses Land ist ein von Gott verheißenes und von Gott geschenktes Land. Es ist nicht einfach der Besitz des Volkes. Das Volk wird so lange in diesem

Land wohnen können, wie es sich an die Gebote Gottes hält und sich um die Beziehung zu Gott bemüht.

Die Schilderung der Landnahme im Buch Josua kann man auch in Beziehung setzen zu weiteren biblischen Texten. So wird auch bei Jesaja im zweiten Kapitel geschildert, wie Menschen nach Jerusalem und damit ins verheißene Land ziehen. Doch nun sind es viele Nationen, die sich auf den Weg machen. Das Wort des Herrn verbindet sie. Im Licht des Herrn wollen sie ihren Weg gehen und damit werden sie herausgefordert, auch die Wege der Anderen im Licht des Herrn zu betrachten. Bei Jesaja wird die alte Sehnsucht jener frühen semitischen Nomaden neu lebendig, nämlich dass es einen Ort gibt, an dem Menschen in Sicherheit und Frieden miteinander leben können. Doch ist dieser Ort nun keiner mehr, der zuerst erobert werden muss, was zur Unterdrückung und Vertreibung anderer Völker führt. Vielmehr ist es ein Ort, der Menschen unterschiedlicher Herkunft verbindet.

Die Botschaft des Neuen Testaments übersteigt noch einmal die Vision des Jesaja. Die Umkehrtaufe des Johannes zielt ganz darauf ab, als erneuerter Mensch, als »Mensch der Umkehr« mit einer neuen Perspektive das verheißene Land zu betreten. Der Blick bleibt bei Johannes aber noch ganz klassisch auf eben jenes verheißene Land gerichtet. Dessen innere Mitte bildet die Stadt Jerusalem mit dem Tempel. Doch sowohl die Stadt als auch der Tempel sind zur Zeit der Abfassung der späten Schriften des Neuen Testaments längst zerstört. Mancher Dialog, den uns die Evangelien schildern, verweist darauf, dass die frühen Christen mehr und mehr in Jesus selbst den lebendigen Tempel und die Gegenwart Gottes schlechthin entdeckt haben. Paulus geht noch einen Schritt weiter. Im Blick auf Jesus geht dem Menschen auf, dass er selbst dazu berufen ist, Tempel Gottes zu sein. »Wisst ihr nicht, dass ihr Gottes Tempel seid und der Geist Gottes in euch wohnt?« (1 Kor 3,16)

Damit will uns das Neue Testament vor allem eine neue Sicht auf den Menschen schenken. Der Mensch, gerade auch jener, von dem mich Grenzen trennen, ist berufen, – im Bild gesprochen – Tempel Gottes zu sein. Übersetzt könnte man das auch so ausdrücken: Jeder Mensch ist unendlich wertvolle Gegenwart.

Inwiefern prägt dies unser Handeln? Als Christen haben wir dabei eine besondere Verantwortung. Die Kirche versteht sich als ein »Volk aus allen Völkern«. Aus dieser Perspektive sind jene, die in den Zeltstädten Jordaniens oder den Behelfsunterkünften im Kurdengebiet Weihnachten und Ostern feiern, für uns nicht zuerst Flüchtlinge, sondern unsere Schwestern und Brüder. Ich denke an die vielen jungen Menschen, die als Volontäre nach Südamerika oder als Schalom-Boten nach Israel gehen. Wer längere Zeit in eine andere Kultur eintaucht und exemplarisch Freundschaften schließt, der bekommt ein anderes Gespür für diese Vision des »Volkes aus allen Völkern« und für die Verantwortung, die gerade wir Christen auf dem Weg der Verständigung zwischen den Völkern haben. Wo können wir zwischen den Christen verschiedener Kulturen etwas einüben, das dann auch für die Verständigung zwischen den Menschen unterschiedlicher Religionen von entscheidender Bedeutung sein kann?

Als wir bei jener Reise vom Jordanufer zurück zum Bus gehen, komme ich mit unserem jordanischen Reiseführer ins Gespräch. Er kennt viele Details seines Landes und die Liebe zu seiner Heimat überträgt sich bei jener Reise auch auf uns. Ob er, der wöchentlich mit Reisegruppen an den Jordan kommt, denn schon mal auf der anderen Seite, also auf dem vom Staat Israel kontrollierten Ufer des Jordans war, so frage ich ihn. »Bisher« – so seine Antwort – »habe ich es noch nicht geschafft. Aber ich hoffe, dass es einmal wahr wird.« Die Sehnsucht bleibt.

4. Erfahrung und Entfaltung

> *Als er am Ufer des Sees von Galiläa entlangging,*
> *sah er Simon und Andreas, den Bruder Simons,*
> *das Netz im See auswerfen. Sie waren nämlich Fischer.*
> *Da sagte Jesus zu ihnen: Kommt, folgt mir nach!*
> *Ich will euch zu Menschenfischern machen.*
>
> (Mk 1,16f)

Mit einer kleinen Gruppe von Studierenden bin ich zu Fuß unterwegs. Vom Freiburger Schlossberg aus machen wir uns auf den Weg nach St. Ottilien, einem beliebten Ausflugsziel. Eine sehr alte Kapelle und das danebenstehende Gasthaus locken Pilger wie Wanderer an. Die fünf Studierenden kommen von einer der Hochschulen, die auf dem Gebiet unserer Erzdiözese liegen. Ein halbes Jahr zuvor hatte ein Pastoralreferent dort seinen Dienst aufgenommen. Sein Auftrag: dort nach einem Generationswechsel von Studierenden und Verantwortlichen die Hochschulgemeinde wieder neu zu beleben. Die Voraussetzungen waren denkbar ungünstig. Die Räumlichkeiten im Stil der frühen Achtziger sind im Dachgeschoss eines Hauses untergebracht. Architektonisch ist dies also genau das Gegenteil eines sogenannten »niedrigschwelligen Angebotes«. An der Hochschule gibt es keine theologische Fakultät oder zumindest ein theologisches Institut und kein kirchliches Wohnheim. Dies sind Faktoren, die an anderen Standorten der Hochschulpastoral in der Erzdiözese Freiburg entscheidende

Ausgangspunkte für den Aufbau einer Hochschulpastoral sind. Zudem beschäftigen in jenen ersten Wochen der Dienstzeit des neuen Pastoralreferenten gerade die Vorgänge um das Limburger Bischofshaus die Gemüter. Das ist kein optimaler Ausgangspunkt, um neu Angebote der katholischen Kirche an einer solchen Hochschule zu profilieren.

In jenen Anfangswochen entsteht jedoch ein interessanter Kontakt. Der Pastoralreferent kommt ins Gespräch mit einem Professor. Dieser erzählt davon, dass in verschiedenen Studiengängen der Hochschule Studierende in Gruppen zwei Semester lang ein Projekt betreuen. Dessen Zielsetzung ist es, das Marketing für ein Unternehmen oder eine Institution zu organisieren. Warum – so der Vorschlag des Professors – setzen wir nicht eine Gruppe auf das »Produkt« Hochschulgemeinde an?

Fünf Studierende melden sich. Die Minderheit dieser Gruppe gehört der katholischen Kirche an. Als ich zum ersten Mal davon höre, zögere ich. Präsentieren diese Studierenden uns am Ende eine Hülle, eine Form ohne Inhalt? Braucht es nicht zuerst ein lebendiges Glaubensleben, das dann von selbst nach außen strahlt? Nach diversen Marketingoffensiven der vergangenen Jahre im Bereich unserer Kirche bin ich hier – wie viele andere auch – skeptisch geworden.

Die Studierenden starten ihr Projekt mit einer Umfrage unter den Kommilitonen. Was erwarten diese von einer katholischen Hochschulgemeinde? Zwei Anliegen werden mit dieser Umfrage bedient. Einerseits geben die Resultate Aufschluss über mögliche Inhalte, mit denen Studierende durch eine Hochschulgemeinde angesprochen werden können. Andererseits haben durch diese Umfrage praktisch alle Studierenden der Hochschule zumindest einmal davon gehört, dass es die katholische Hochschulgemeinde gibt. In den folgenden Wochen und Monaten starten erste Programmpunkte. Für den Internetauftritt entsteht ein »Corporate Design«. Das dazugehörige Farbkonzept prägt den Briefkopf sowie die eigenhändig vorgenommene Neugestaltung der Räume im erwähnten Dachgeschoss. Die Angebote werden angenommen. Dabei spielt auch der internationale Charakter der Hochschule eine Rolle. Gerade – aber nicht nur – Studierende aus Ländern, in denen die katholische Kirche eine vitale Größe ist, finden hier eine Heimat. Mehrsprachigkeit ist für die Akteure der Hochschulgemeinde kein Problem.

Meine Skepsis wird geringer, verschwunden ist sie noch nicht. Die Studierenden dieser Projektgruppe kommen dem Anschein nach kaum aus dem Kernbereich des kirchlichen Lebens. Was können sie weitergeben? Setzt nicht die Weitergabe des Glaubens voraus, dass ich selbst davon entzündet bin? Kann ich einen Raum für religiöse Erfahrungen nicht erst dort schaffen, wo ich selbst solche Erfahrungen in mir trage?

Auf unserem Fußweg sind wir inzwischen in St. Ottilien angekommen. Wir gehen hinunter zu einer kleinen Grotte mit einer Quelle. Der Überlieferung nach hat die heilige Odilia hier ihr Augenlicht wiedergewonnen. Ich leite ein zu einer kleinen Meditation. Wir singen einen einfachen Vers der Brüder von Taizé.

Dann folgt Stille. Es bleibt wirklich still. Fünf Minuten, zehn Minuten. Ich gewinne den Eindruck, die Studierenden der Projektgruppe haben keine Eile, diesen Ort wieder zu verlassen.

Später sitzen wir im Restaurant nebenan. Einen Abend lang sind wir intensiv im Gespräch. Es geht um Seelsorge, um das, was der Glaube für den Pastoralreferenten und mich bedeutet, wie er unser Leben und unser Handeln prägt. Ich spüre, die jungen Leute haben Feuer gefangen. Sehr viel später werden sie dem Pastoralreferenten sagen, wie sehr sie diese Zeit an der Quelle beeindruckt hat.

Menschenfischer

Ein mutiger Anfang – mir drängt sich die Schriftstelle von der Berufung der ersten Jünger auf. Jesus steht am Beginn seines öffentlichen Auftretens. Er möchte Menschen gewinnen, die miteinander das leben, was er verkündigt: die Sammlung des Gottesvolkes. Zugleich will er diese Jünger darauf vorbereiten, dass sie einmal selbst seine Sendung zu den Menschen tragen. Vielleicht hat Jesus zu diesem Zeitpunkt auch schon eine Ahnung, dass ihm insgesamt nicht viel Zeit bleiben wird. Wie also anfangen? Angesichts der komplexen Aufgabe und der wenigen Zeit läge es nahe, auf Nummer sicher zu gehen. Jesus könnte auf Menschen zugehen, die er in den Synagogen als verlässliche Gemeindemitglieder kennengelernt hat, die bereits ein tiefes geistliches Leben führen und die ein gehöriges Maß an theologischer Reflexion besitzen.

All dies tut Jesus bekanntlich nicht. Er verlässt seine Heimatstadt, wandert eine größere Strecke hinunter an den See Gennesaret, geht an den Strand und wartet, bis die Fischer vom Fischfang zurückkommen. Dann ruft er die Fischer in seine Nachfolge. Was hier in den Evangelien mit wenigen Versen geschildert wird, ist vermutlich ein sehr langer Prozess. Hinweise dafür gibt es ebenfalls in den Evangelien. Wenn die Jünger nach Ostern wieder beim Fischfang sind, dann ist das ein Indiz dafür, dass sie dieses Geschäft bislang noch nicht ganz aufgegeben haben. Möglicherweise waren sie saisonal weiterhin in diesem Bereich tätig. Die Evangelien legen ja auch Wert auf die Aussage, dass die Jünger vor Ostern sehr weit davon entfernt sind, sich ganz auf die Nachfolge Jesu einzulassen.

Warum beruft Jesus Fischer? Mir fällt die Geschichte von einigen brasilianischen Fischern ein, die ich einmal gehört habe. In einer Diskussion kamen die Fischer zu folgender Erkenntnis: Wer jede Nacht unterwegs ist zu den Fischen, der hat ein klares Ziel. Der Fischfang ist notwendig, um die eigene Familie zu ernähren. Auch wenn die Arbeit anstrengend und bisweilen gefährlich ist, sie ist notwendig. Das Ziel hilft, mit den Widerständen zu leben. Dieses Ziel, die Sorge für die eigene Familie, bleibt dasselbe. Was aber jeden Tag neu entschieden werden muss, ist der Weg zum Ziel. Die Fische sind nicht jeden Tag an der gleichen Stelle. Man muss sie neu suchen. Fischer – so die brasilianischen Berufskollegen unserer Apostel – bringen also eine wichtige Lebenseinstellung mit: Das Ziel ist klar, unverrückbar. Der Weg dorthin jedoch muss ständig neu bestimmt und gefunden werden. Genau diese Einstellung – so die brasilianischen Fischer – habe den Aposteln später entscheidend geholfen. Ihr Ziel war klar und vorgegeben. Sie sollten das Evangelium zu allen Völkern bringen. Beim Weg zu diesem Ziel war von den Fischern eine hohe Flexibilität gefordert. Für Petrus in Rom wird dieser Weg ganz anders ausgesehen haben als für Thomas in Indien.

Jesus – so die brasilianischen Fischer – greift also diese grundlegende Kompetenz der bisherigen Fischer auf. Die Fischer werden dies auch als eine Form von Anerkennung und Wertschätzung erfahren haben. Auch das wird ihre Herzen geöffnet haben für den Auftrag und die Botschaft Jesu. Die Kompetenz der Fischer füllt sich nun in der Beziehung Jesu mit einem neuen Inhalt. Jesus drückt das aus, indem er ein Wort prägt, das es vorher nicht gibt. Er spricht von den Aposteln als »Menschenfischern« (vgl. Mk 1,17).

Bei den Stärken ansetzen

In der Art und Weise, wie er die Stärken der Menschen sieht und aufgreift, liegt für mich eine Spur, wie die Ausbreitung des Evangeliums auch heute gelingen kann. Jesus greift die Stärken seiner Jünger auf. Bei dem, was sie im Auftrag Jesu tun werden, sollen gerade auch diese ihre Stärken eine Rolle spielen. Auch bei der neu entstehenden Hochschulgemeinde wurde von Anfang an ganz auf die Stärken der Mitarbeitenden gesetzt.

Wie hätten wir auf die Begegnung mit den Fischern reagiert? Vielleicht hätten wir uns gestört am Gestank ihrer Kleider, in denen der penetrante Fischgeruch hing, an ihrer sprachlich holprigen Ausdrucksweise und am ruppigen, direkten Umgangston, den sie miteinander pflegten. Jesus hat offenbar tiefer hingeschaut. Er sieht in den Fischern bereits das Große und schon Angelegte, die Berufung zum Menschenfischer. Diesen inneren Kern gilt es wertzuschätzen und an seine Entwicklung zu glauben.

Wenig später wird Jesus seine Jünger aussenden in jede Stadt und Ortschaft, in die er selbst kommen wollte (vgl. Lk 10,1). Interessanterweise erzählen die Evangelien nur, was Jesus den Jüngern zur Predigt aufgetragen hat. Die Schilderung dessen, was die Jünger tatsächlich in den einzelnen Dörfern verkündigt haben, überspringen die Evangelien oder deuten dies bestenfalls sehr vage an (vgl. Mk 6,12). Vielleicht haben die Autoren dazu auch allen Grund. Wo werden die einfachen Menschen, die selbst erst seit kurzer Zeit mit Jesus unterwegs waren, ihre Schwerpunkte bei der Verkündigung gesetzt haben? Jesus geht hier also bei der Aussendung der Jünger ein hohes Risiko ein. Was, wenn die Jünger irgendeinen Unsinn reden und er sich daraufhin nicht mehr sehen lassen kann? Möglich, dass dies tatsächlich im Einzelfall geschehen ist und

Jesus daraufhin bestimmte Orte später nicht mehr aufgesucht hat. Seine Jünger erfahren jedoch, dass Jesus ihnen vertraut und er tut dies da, wo es um eine sehr zentrale Angelegenheit geht, nämlich um die Verkündigung seiner frohen Botschaft.

Feuer gefangen

Ein Jahr nach unserer Begegnung in St. Ottilien sitze ich mit den Studierenden in ihren neu gestalteten Räumen. Die Projektphase ist abgeschlossen, die Studierenden sind dankbar für die Impulse, die sie daraus mitnehmen. Es sind noch vier von ihnen dabei. Einer hat das Studium – unabhängig vom Verlauf des Projektes – aufgegeben und ist zurückgekehrt in seinen alten Beruf. Auch das gehört zur Realität dazu. Aber es gibt eine ganze Reihe anderer Studierender, die Feuer gefangen haben. Das Leben der jungen Hochschulgemeinde geht weiter, ohne dass es dafür künftig Noten und Punkte im Rahmen eines Studiums gibt. Und – es wird eine Neuauflage geben. In einem ebenfalls zweisemestrigen Projekt werden Studierende den Prozess der Fusion von mehreren Pfarrgemeinden zu einer größeren Einheit begleiten. Es geht um die Frage, wie die Glieder dieser unterschiedlichen Gemeinden zusammenfinden und eine gemeinsame Identität ausprägen können. Auch hier geht es also um eine sehr zentrale Frage. Ich bin gespannt, wie dieser Weg weitergeht.

5. Brennende und Berührte

Er ging an ihrer Seite in den Tempel,
lief und sprang umher und lobte Gott.

(Apg 3,8b)

Firmung im Frühsommer 2014. Vorab bekomme ich, wie dies üblich ist, das Liedprogramm und sonstige Gestaltungselemente zugeschickt. Einer der Gottesdienstentwürfe löst bei mir zunächst Irritationen aus. Da steht an einer Stelle im Ablauf »Firmsong«. Weitere erläuternde Angaben fehlen. Auf Nachfrage erfahre ich, dass es sich hier um ein Lied handelt, das eine der Firmgruppen während der Firmvorbereitung selbst geschrieben hat. Die Zwischentöne, die ich in der Antwort auf meine Frage herauszuhören meine, sagen mir, dass dahinter wohl eine Geschichte steht. So entschließe ich mich, das Lied ungesehen »durchzuwinken«.

Während des Firmgottesdienstes ertönt dann auch das besagte Lied. Die eigentliche Musikgruppe wird für einen Moment von der textenden Firmgruppe abgelöst. Wenig später stehen wir dann auf dem Kirchplatz. Es gibt die üblichen Gespräche und Fotos. Plötzlich steht auch die Firmgruppe, die eben das Lied gesungen hat, bei mir. Sie überreicht mir ihr Werk in einem eigens angefertigten Ordner. Dabei erzählen sie von der Entstehungsgeschichte dieses Liedes. Sie hatten sich selbst eine Firmbegleiterin gewählt. Diese sei aber zwischendurch krank geworden und musste für längere Zeit ins Krankenhaus. So hätten sie die Firmvorbereitung eigenständig umgestellt. Sie hätten sich weiterhin getroffen und die Katechetin hätte vom Krankenhaus per Telefon die Firmgruppe geleitet. In diesem Zusammenhang sei auch das Lied entstanden. »Ihr habt dann doch sicher auch mit ›Skype‹ gearbeitet, das macht die Gespräche mit der Katechetin über diese Entfernung wesentlich einfacher, wenn man sich beim Telefonieren auch sehen kann?«, lautet meine Rückfrage. Nein, das sei nicht notwendig gewesen, ein einfaches Telefon habe genügt.

Wir reden noch eine Weile miteinander, dann gehe ich mit dem Leitungsteam zum Essen. Während des Abendessens erzähle ich von meinem Gespräch mit dieser Firmgruppe. Der für die Firmvorbereitung zuständige Pastoralreferent ergänzt die Geschichte um ein kleines, jedoch sehr wesentliches Detail. Die Frau, so der Pastoralreferent, welche diese Gruppe geleitet habe und eine längere Zeit im Krankenhaus gewesen sei, diese Frau sei blind. Aber genau dieses Zeugnis der blinden Frau habe die Jugendlichen der Firmgruppe angesprochen und bewegt.

Bei mir hinterlässt diese Begegnung einen bleibenden Eindruck. Da hat eine Firmgruppe ihre Firmvorbereitung in einer kritischen Situation selbst in die Hand genommen. Sie haben an ihrer blinden Katechetin festgehalten, auch als diese physisch gar nicht mehr anwesend sein konnte. Bei dieser Firmgruppe ist mehr als nur ein Funke übergesprungen. Sie haben das Zeugnis dieser blinden Frau aufgenommen und sind dabei selbst zu Zeugen geworden.

Mein Fokus

Selbstkritisch frage ich mich: Was sind die Kriterien, nach denen ich urteile? Der Text des Liedes an sich verrät keine tiefgründige Theologie. Beim Auswahlverfahren für das neue Kirchengesangbuch wäre das Lied sicher in der Vorrunde ausgeschieden. Doch worauf richte ich den Fokus? Bin ich bereit, hinter den Text zu schauen, zwischen den Zeilen zu lesen, welche Erfahrung damit verbunden ist? Lasse ich mich auf diese Geschichte ein? Denn das Zeugnis ist in diesem Fall nicht zuerst der Inhalt des Liedes, sondern es ist die Geschichte zwischen der Firmgruppe und jener Frau, die zu einer Geschichte zwischen ihnen und Jesus geworden ist, eine Geschichte, die dann im Lied einen Ausdruck findet. Das Zeugnis entdecke ich also erst dort, wo ich auf den »Text hinter dem Text« aufmerksam werde.

Inzwischen ist ein gutes Jahr vergangen. Die Gemeinde ist weit weg und ich habe seither nichts mehr von ihr gehört. Ich würde auch nicht meine Hand dafür ins Feuer legen, dass zumindest einige der Liedtexter zu regelmäßigen Gottesdienstbesuchern geworden sind. Oft bekommen wir das ja zu hören: Da war die Firmung groß aufgezogen, bei einigen gab es auch große Emotionen, beeindruckende Erlebnisse, aber effektiv ist nichts hängen geblieben. Doch, was ist eigentlich »effektiv«? Jedenfalls kann ich diese Kategorie des »Effektiven« nirgends im Handeln Jesu entdecken.

Was ich vielmehr auf dem Weg Jesu entdecke sind Begebenheiten, bei denen Menschen mit Jesus in Berührung kommen. Oft scheinen es einmalige Berührungen zu sein. Da ist das Brautpaar von Kana zum Beispiel. In einer existenziellen Not – der Hochzeitswein ist ausgegangen – erfahren sie Hilfe durch Jesus. Diese Erfahrung werden sie ein Leben lang nicht vergessen haben. Denn ohne diesen Wein wären sie bis zum Ende ihres Lebens zum Gespött des Dorfes geworden. Aber – hat dies auch dazu geführt, dass sich jenes Brautpaar später einer der frühen christlichen Gemeinden in Galiläa angeschlossen hat? Es fällt auf: Das Johannesevangelium nennt uns nicht den Namen der Brautleute. Bei anderen ebenso einmaligen Begegnungen ist dies in den Evangelien durchaus der Fall. Von Zachäus, Bartimäus, selbst von Simon von Zyrene, dem »Vater des Rufus und des Alexander«, kennen wir den Namen. Das können wir als Hinweis dafür deuten, dass jene namentlich Genannten zumindest in Kontakt standen mit den frühen Gemeinden oder selbst Mitglieder waren. Beim Brautpaar von Kana fehlt der Name. Auch wenn sie möglicherweise früh gestorben sind, es gab jedenfalls keine Erinnerung der frühen Gemeinden, wer dies genau gewesen sein soll.

Ähnliches gilt für den Mann, den Petrus und Johannes an der »schönen Pforte« des Tempels finden. Durch die Begegnung mit den Aposteln kann der Mann plötzlich auf eigenen Beinen stehen. Er lobt Gott im Tempel und die Menschen hören ihm zu. Sein

Lob ist geprägt von seiner Geschichte. Doch auch bei ihm scheint das eher eine punktuelle Berührung mit Jesus und der ersten Jüngergemeinde gewesen zu sein.

Da haben Menschen eine intensive Begegnung mit Jesus gehabt. Doch ein tieferer Kontakt zu einer der frühen Gemeinden ist dadurch nicht entstanden. Ist das nicht eine ähnliche Erfahrung wie bei uns heute? Und dennoch zeugen die Evangelien von einer bemerkenswerten Haltung. Trotz des fehlenden Kontakts ist es den Autoren wichtig, deren Geschichte mit Jesus aufzuschreiben. Die Evangelien sind davon überzeugt: In dieser Geschichte der Namenlosen, der »Einmal-Berührten« steckt eine Botschaft für uns alle. Es ist die Botschaft von Menschen, die höchstwahrscheinlich keinen Anschluss an eine christliche Gemeinde fanden.

Um auch hier einem Missverständnis vorzubeugen: Es geht nicht darum, die Bedeutung der Zugehörigkeit zur Gemeinde, zur Kirche oder gar die Bedeutung der Eucharistiefeier am Sonntag zu relativieren. Wenn alle vier Evangelien als zentrales Ereignis Tod und Auferstehung Jesu beschreiben, dann ist die zentrale Bedeutung der Eucharistiefeier als Vergegenwärtigung dieses Geschehens und als Ort der Sammlung des Gottesvolkes unbestritten.

Hier geht es vielmehr um eine Frage der Perspektive. Wenn ich die Menschen, die punktuell bei uns »andocken«, wie wir so schön sagen, und dann wieder weg sind, unter der Perspektive des Defizitären wahrnehme, also dessen, was sie leider nicht mitbringen oder als Glaubenspraxis pflegen, dann werden diese Menschen das spüren. Entweder sie können es sogar selbst benennen – in der Regel aber dann in anderen Kreisen – oder es bleibt für sie ein unbestimmtes Gefühl. Jedenfalls ist beides keine Ermutigung, von sich aus einen Schritt auf die Gemeinde zuzugehen oder die Eucharistiefeier am Sonntag als ein wertvolles Gut zu entdecken.

Das Evangelium selbst fordert uns heraus, diese Menschen aus einer grundlegend anderen Perspektive zu betrachten. Wesentlich scheint bei der Abfassung der Evangelien und der Auswahl der darin aufgenommenen Erzählungen die Frage gewesen zu sein: Was ist die Botschaft dieser Menschen, was ist die Botschaft der Erfahrung, die sie gemacht haben? Wer spürt, dass er ernst genommen wird mit seinem Weg, in dem kann auch die Bereitschaft wachsen, sich selbst aufzuschließen für das, was seinem Gegenüber wichtig ist. Wer das erfährt, findet vielleicht auch Anschluss an jenes lebendige Netzwerk, das in der Feier der Eucharistie seine Mitte findet. Und nicht selten hat auch die Erfahrung jener Menschen und ihre Botschaft für uns ein kritisches, erhellendes oder reinigendes Potential. Auf jeden Fall kann es eine Bereicherung sein.

Am nächsten Tag, also am Sonntagmorgen, ist eine weitere Firmung in jener Seelsorgeeinheit. Obwohl die ganze Gruppe nun bereits gefirmt ist, ist sie wieder dabei und singt an entsprechender Stelle wieder ihren Firmsong. Vielleicht können wir ja auch von der – eigentlichen – Musikgruppe jenes Firmgottesdienstes lernen. Diese tritt dezent zur Seite und überlässt den Neugefirmten Sängerinnen und Sängern für einen wesentlichen Teil der Feier Platz und Mikrofone.

6. Wunderbare Brotvermehrung

Es ist ein Junge da,
der fünf Gerstenbrote hat und zwei Fische.
Aber was ist das für so viele?
(Joh 6,9)

August 2014 in Rom, St. Paul vor den Mauern. Vor wenigen Stunden ist der Abschlussgottesdienst der Messdiener aus der Erzdiözese Freiburg zu Ende gegangen. Zusammen mit weiteren knapp 40.000 Jugendlichen waren 10.000 Ministranten aus unserem Erzbistum im Rahmen der alle fünf Jahre stattfindenden Ministrantenwallfahrt nach Rom gefahren. Dahinter steht eine unglaubliche Logistik. Nun fahren die jungen Leute in einer Kolonne von mehr als 150 Bussen wieder zurück über die Alpen, erfüllt von vielen wertvollen Erfahrungen. Zurück in der altehrwürdigen Kirche bleibt das gut dreißigköpfige Leitungsteam. Zum allergrößten Teil besteht dieses aus Ehrenamtlichen. Für die Gottesdienste verschiedener deutscher Diözesen in jener Woche hatte das Freiburger Team in Absprache mit den zuständigen Behörden des Vatikans einige Installationen vorgenommen, die jetzt wieder abgebaut werden müssen. Da ich den Abend über keine weiteren Termine habe, bleibe ich beim Team und helfe beim Abbau mit, so gut ich kann. Es ist für mich ein durchaus eindrucksvolles Erlebnis, mitten in dieser ehrwürdigen Basilika auf die Standleiter zu klettern, um Hinweisschilder von den mächtigen Granitsäulen abzulösen. »Baustelle Kirche« wird auf originelle Weise erfahrbar und dies unmittelbar am Grab eines – um im Bild zu bleiben – »leitenden Fachingenieurs« aus der Gründungszeit.

Mehr noch als die Kombination von römischer Basilika und deutscher Technik beeindruckt mich die Atmosphäre dieses Leitungsteams. Eine Woche lang war ich mit ihnen in Rom zusammen. Für viele hatte die Vorbereitung dieser Unternehmung bereits zwei Jahre zuvor begonnen. Unzählige Wochenenden und Nachtschichten hatten sie geopfert, bis alles stand. Einige von ihnen taten dies im Wissen darum, dass sie prüfungsbedingt gar nicht von Anfang an bei der Veranstaltung in Rom mit dabei sein würden, sondern erst im Laufe der Woche dazustoßen konnten.

Bei näherer Betrachtung erscheint mir das als ein kleines oder auch größeres Wunder. Da stellen 30 junge Leute eine Fahrt auf die Beine, durch die 10.000 größtenteils minderjährige Teilnehmer eine Woche lang in der Weltstadt Rom sind. Wer in Rom schon einmal für eine Reisegruppe verantwortlich war, kann erahnen, wie komplex die Aufgabenstellung ist. Rückblickend können wir feststellen, dass es keine größeren Zwischenfälle gab und viele junge Menschen Impulse mitgenommen haben, die sie ein Leben lang begleiten werden. Dies zeigt jedenfalls die Erfahrung jener, die schon früher bei einer solchen Fahrt dabei waren. Für nicht wenige lag in diesen Tagen die Initialzündung, um sich für ein Engagement in der Kirche – ehrenamtlich oder hauptamtlich – zu entscheiden. Für manche war eine solche Fahrt der Anstoß, sich intensiv mit der Frage zu beschäftigen, ob sie nicht zu einem Leben als Priester oder Ordenschrist berufen sind.

Ohne Zweifel, das Leitungsteam steht in diesen Tagen unter Strom, alles muss gut strukturiert sein, Zeit und Arbeitskraft sind knapp und kostbar. Doch die Stimmung ist durchweg sehr gut. Jede und jeder versucht, ihr oder sein Bestes zu geben. Zugleich darf ich erleben, wie jede und jeder auch den Blick für das Wertvolle hat, was der oder die Andere zu geben hat. Nicht selten müssen Einzelne aus dem Team ermahnt werden, auch mal eine kleine Pause einzulegen, damit sie nicht selbst zum Objekt der Fürsorge unseres Malteser-Hilfsdienstes werden, der ebenfalls eigens mit einer mobilen Krankenstation mitgereist ist.

Jeder gibt sein Bestes und daraus wird mehr, als wir uns zuvor vorstellen können. Die Ministranten erleben hier einen Vorgang, der an das erinnert, was ihre Aufgabe in der Eucharistiefeier ist. Dort sind die Ministranten dafür verantwortlich, dass wertvolle Gaben, Brot und Wein, als Frucht der Erde und der menschlichen Arbeit zum Altar und damit in die Mitte der Gemeinde getragen werden. Und daraus wird mehr, als wir uns vorstellen können.

Erfahrungen wie diejenige mit den Ministranten in Rom lassen mich manche Wundergeschichte der Evangelien mit anderen Augen betrachten. Die Plakette, die unsere Ministranten bei ihrer Einführung gewöhnlich überreicht bekommen, stellt eine Szene aus der Bibelstelle von der Brotvermehrung dar. Wir aufgeklärte

Zeitgenossen sind daran gewöhnt, eine solche biblische Geschichte mit einiger Skepsis zu betrachten. Ist das, was hier beschrieben wird, nicht eher symbolisch gemeint – was auch immer unter »symbolisch« zu verstehen ist? Oder handelt es sich dabei gar um eine ausschmückende Legende, die erst in einer der frühen Christengemeinden entstanden ist?

»Auspacken«

Schauen wir uns die Szene genauer an, so wie sie bei Johannes beschrieben ist. Heutigen Erkenntnissen zufolge wurde dieses Evangelium erst sehr viele Jahrzehnte später geschrieben und ist damit der Frage ausgesetzt, ob der Geschichte irgendein historischer Kern zugrunde liegt. Das Brotmotiv nährt diesen Zweifel. Denn wir können dies auch als den späteren Versuch der frühen Christengemeinden deuten, die Bedeutung des Brotes, wie es den Gläubigen in der Eucharistiefeier begegnet, zu betonen.

Ein erstes Indiz spricht tatsächlich für ein Produkt nachträglicher Komposition. Da ist von einer sehr großen Zahl die Rede, fünftausend Männer werden genannt. Das Ereignis soll relativ früh im Jahr stattgefunden haben. Es heißt: »Das Pascha, das Fest der Juden, war nahe.«(Joh 6,4) Gegebenenfalls wurden viele Tagelöhner um diese Jahreszeit noch nicht oder zumindest nicht täglich gebraucht, da die Feldarbeit erst langsam wieder in Gang kam. Vielleicht waren die Tagelöhner am Morgen von zuhause aufgebrochen mit dem festen Willen, heute etwas zu verdienen. Jesus schildert selbst in einem Gleichnis, dass solche Tagelöhner sich oft vergeblich den ganzen Tag mühten, Arbeit zu finden (vgl. Mt 20,6). Ein Gedanke, der sich mir aufdrängt, obwohl er wohl kaum wissenschaftlich zu belegen ist: Als die Tagelöhner am Mittag feststellen mussten, dass sie an diesem Tag wohl definitiv von keinem Gutsbesitzer mehr angeheuert werden würden, haben sie womöglich nach einer Alternative gesucht. Die Scham, mitten am Tag schon nach Hause zu gehen, war möglicherweise zu groß. Auch heute gibt es das Phänomen, dass Menschen, die unvermittelt arbeitslos geworden sind, noch sehr lange regelmäßig am Morgen aus dem Haus gehen, damit niemand in ihrer Umgebung etwas vom Verlust der Arbeitsstelle bemerkt. Es heißt bei Johannes, dass sie Jesus folgten, »weil sie die Zeichen sahen, die er an den Kranken tat.« (Joh 6,2) »Wenn er den Kranken eine neue Perspektive aufzeigt«, so hat vielleicht mancher Tagelöhner gedacht, »warum dann nicht auch uns?« So hören sie Jesus zu. Ob es gleich so viele Menschen waren, wie das Evangelium beschreibt, sei einmal dahingestellt ...

Doch irgendwann wird es den Jüngern mulmig bei der Menge. Jesus selbst spricht die Frage aus, die die Jünger in diesem Moment umtreibt. Auch das ist offenbar Teil seiner Verkündigung: die Dinge auszusprechen, die Menschen bedrücken. Wo mich etwas bedrückt und ich ein Gegenüber finde, welches das behutsam, aber klar anspricht, kann ich meine Last mit ihm teilen. Es bleibt eine Last, aber es kommt die Erfahrung hinzu, dass da einer in Solidarität sich mit mir verbunden hat. Jesus sorgt offenbar für eine Atmosphäre, in der das nach außen treten kann, was die Menschen mit sich herumtragen. Für den weiteren Verlauf dieser Geschichte kann das von größerer Bedeutung sein.

Die Händler der am See Gennesaret gelegenen Gemeinden Migdal und Kafarnaum haben wohl um diese Tageszeit nicht mehr genügend Brot für eine solche Menschenmenge vorrätig. Tiberias, die nächste größere Stadt, ist zwar in Sichtweite, jedoch zu weit entfernt für einen Fußweg oder gar für den Transport auf dem Rückweg. Da taucht wie aus dem Nichts der Junge mit seinen fünf Gerstenbroten und den zwei Fischen auf. Wohl kaum war das nur die Tagesration, die er früh am Morgen mitbekommen hatte. Sehr viel wahrscheinlicher war es die Ration für seine Familie, die der Junge vom Markt nach Hause trug. Unterwegs war er bei Jesus »hängen geblieben«.

Die Jünger stellen die Gerstenbrote und die Fische in Relation zur Menge der Hungernden und kommen zu der Folgerung: »Was ist das für so viele?« (Joh 6,9b) Jesus hingegen drückt durch seine Gesten eine Wertschätzung für diese Gabe aus. Vielleicht sieht er die Gabe in einer ganz anderen Relation und bemerkt, dass dahinter eine ganze Familie steht und der Junge aus dem ehrlichen Antrieb, hier helfen zu wollen, die Tagesration einer ganzen Familie preisgibt. Es ist möglich, dass Jesus auch sieht, dass die spontane Aktion des Jungen diesem später, wenn er nach Hause kommt, viel Ärger einbringen kann.

Jedenfalls – so meine Deutung des Geschehens – geschieht jetzt etwas Ähnliches wie einige Minuten zuvor. Durch Jesus entsteht eine Atmosphäre, welche die Menschen ermutigt auszupacken. Diesmal ist es nicht die ängstliche Frage der Jünger, die ausgepackt wird, sondern die Tagesration der übrigen Anwesenden. Alle packen aus, was sie eben noch dabei haben. Der wertschätzende und dankbare Blick Jesu auf die Gabe des Jungen mag die Menschen bewegt haben: »Wenn dieser Bub bereit ist, die Tagesration seiner ganzen Familie herzugeben, dann darf ich mit dem, was ich mitgebracht habe, nicht zurückstehen.«

Das Wunder der Brotvermehrung geschieht – so meine Interpretation – zuerst in den Herzen der Anwesenden. Übrig bleiben zwölf Körbe. Die Zahl mag Hinweis sein, dass das, was Jesus zu geben hat, das ganze Volk, alle zwölf Stämme nährt. Noch einmal wird am Ende Bezug genommen auf den Anfang. In den zwölf Körben befinden sich die Stücke von den fünf Gerstenbroten, »die beim Essen übrig geblieben waren.« (Joh 6,13) Nach dem Mahl wird noch einmal gedankt für den Anfang, der das Mahl überhaupt ermöglicht hat. Man kann sich auch fragen, wo kommen so plötzlich die Körbe her? Waren das nicht die Körbe, in denen einige ihre Tagesverpflegung mitgebracht hatten?

Was hier so außergewöhnlich erscheint, wird in den ersten Christengemeinden zur puren Selbstverständlichkeit. Die Vorläufer der heutigen Ministranten tragen das zum Altar, was die einzelnen Gemeindeglieder mitgebracht haben, um es nach der Eucharistie zu teilen, besonders mit den Bedürftigen. Insofern glaube ich, dass jene im Johannesevangelium geschilderte Erzählung ihren Kern in einem tatsächlichen Ereignis hat. Dies ist auch gut möglich trotz des Abstands zwischen dem Zeitpunkt, an dem das Erzählte sich zugetragen haben soll, und dem heute vermuteten Zeitpunkt der Abfassung dieses Evangeliums. Der Junge und seine Altersgefährten waren zur Zeit des Auftretens Jesu vielleicht zehn Jahre alt. Zumindest einige von ihnen werden später zu den ersten Christengemeinden gestoßen sein, die sich in Palästina bildeten. Ihre persönlichen Erfahrungen mit Jesus werden sie dort erzählt haben. Möglich, dass sie das auch gut 50 oder 70 Jahre später getan haben, als das Evangelium schriftlich abgefasst wurde. Wenn ich meinen über 80-jährigen Vater nach seinen Erlebnissen aus der Zeit des Zweiten Weltkrieges, also von vor 70 Jahren frage, dann kann er mir viele Begebenheiten sehr präzise schildern, einschließlich der Angabe der Wetterverhältnisse. Warum sollte es damals anders gewesen sein?

Jedenfalls bin ich dankbar, bei jener Wallfahrt in Rom die Speisung der Zehntausend mitzuerleben. Natürlich, ein Teilnehmerbeitrag muss sein und die in der Tat sehr gut funktionierende Versorgung geht keinesfalls so spontan wie zu biblischen Zeiten. Der grundlegende Vorgang jedoch ist sehr ähnlich: Eine Atmosphäre entsteht, in der viele bereit sind, mehr einzubringen, als man jemals von ihnen verlangen könnte. Das war eine wesentliche Stärkung, mit der die jungen Pilger wieder über die Alpen zurückgefahren sind.

Noch ein weiterer Gedanke bewegt mich im Blick auf dieses Evangelium. Der kleine Junge scheint so gar nicht in die Schar derer zu passen, die sich um Jesus versammelt haben. Von Männern ist die Rede und auch die Jünger waren bereits im Mannesalter. Möglicherweise ist dies aber in jener Zeit für die orientalische Gesellschaft gar nicht so außergewöhnlich, wie es uns erscheinen mag. Da erinnere ich mich an Unterredungen mit Beduinen »unter Männern« (die Frauen bekamen wir nie zu Gesicht), bei denen selbstverständlich auch die Söhne, oft nicht älter als sechs Jahre, anwesend waren.

Möglich wäre aber auch, dass sich in den Jüngern der Impuls regte, dieser Junge passe nicht hierher. An anderer Stelle weisen die Jünger ja auch die Kinder ab. Für Jesus haben die Kinder eine große Bedeutung. Zugleich lernen die Jünger in der hier geschilderten Situation, bei jenen, die nicht gleich ihren Erwartungen entsprechen, genauer hinzusehen, was denn diesen Menschen als Gabe mitgegeben ist.

Mich erinnert dies an eine Erfahrung wenige Tage vor meiner Bischofsweihe. Ich hatte beschlossen, mit Freunden zu Fuß von meiner Heimatstadt nach Freiburg zur Bischofsweihe zu pilgern. Die Tagesetappen waren bekannt, wer wollte, konnte sich uns anschließen. Unsere zweite Etappe startete am Bahnhof von Haslach im Kinzigtal. Neben anderen Neuankömmlingen tauchte auch eine Frau mit ihrem Rennrad auf. Gut

50 Kilometer war sie bereits aus ihrem Heimatort hierher geradelt und freute sich hochmotiviert auf die anstehende Pilgeretappe. Meine Begeisterung hielt sich in Grenzen. Ich kannte die Wegstrecke, wenig ausgebaute wurzelige Pfade, und überlegte, welche Probleme dadurch für das Rennrad entstehen könnten. Natürlich ließ ich mir nichts anmerken und wir zogen los. Gleich zu Beginn kam ein erstes nicht enden wollendes Steilstück. Meine Sorge um das Rennrad stieg. Doch durfte ich erleben, dass das Rennrad nicht Teil eines Problems, sondern Teil einer Lösung wurde. Einige meiner jugendlichen Pilger, die bereits den Tag zuvor mit gewandert waren, spürten am nunmehr zweiten Pilgertag ihren Rücken intensiv. Kurzerhand nahm die Radfahrerin nacheinander die Rucksäcke auf ihr Rennrad und so konnten wir deutlich unbeschwerter losziehen.

Mich bringt das ins Nachdenken. Wie oft tauchen auch in unserer Kirche und in unseren Gemeinden Menschen wie die Frau mit dem Rennrad auf. Es sind Menschen, die wir mit unseren Kategorien nicht erfassen, die wir entweder gar nicht wahrnehmen oder angesichts derer wir ratlos sind, was denn mit ihnen bei uns geschehen könnte. Und möglicherweise, wie beim Jungen mit seinen Broten und Fischen oder wie bei der Frau mit ihrem Rennrad, steckt in dem, was sie mitbringen, eine entscheidende Gabe für die ganze Gemeinde. Dem Bischof, zu deutsch »Aufseher«, kommt hier eine erhöhte Verantwortung zu. Er soll vor allem auch den Blick darauf haben, welche Gaben wem geschenkt sind, welche Gaben vielleicht überraschend und neu sind, und wie eine Atmosphäre entsteht, in der diese Gaben voll Dankbarkeit eingebracht werden können. Jedenfalls bin ich sehr dankbar für diesen Crashkurs in Sachen »Aufseherschaft« zwei Tage vor meiner Bischofsweihe.

Einige Zeit nach der Ministrantenwallfahrt bin ich zum Festgottesdienst in einer Gemeinde unserer Diözese. An die Eucharistiefeier schließt sich noch ein Fest im Gemeindehaus an. Doch ich bleibe zunächst auf dem Kirchplatz stehen und spreche mit den Leuten, die bislang nicht ins Gemeindehaus gegangen sind. Ich komme mit einer jungen Familie ins Gespräch. Noch etwas verloren stehen sie eher am Rande. Sie wären erst vier Wochen hier in der Stadt und hätten nach einer Pfarrgemeinde gesucht. Die katholische Familie kommt aus dem Ausland, der Vater der Familie spricht noch kein Deutsch. Sie hoffen, dass sie Anschluss finden in der Gemeinde.

Inzwischen ist der Kirchplatz fast leer. Ich frage die Familie, ob sie mit hinüber kommen wollen ins Gemeindehaus. Sie zögern noch, passen wir da hin? Da kommt unvermittelt ein ungefähr elfjähriges Mädchen. Sie ist die Klassenkameradin einer der Töchter. Ganz unbefangen lädt sie die Familie ein zum Gemeindefest und zieht die beiden Töchter mit sich. Und so gehen wir gemeinsam hinüber. Gut, dass es auch heute noch aufgeweckte junge Menschen gibt wie einst den Jungen mit seinen Gerstenbroten.

7. Sterne und See

Sofort nötigte er die Jünger, in das Boot zu steigen
und ihm ans andere Ufer vorauszufahren,
während er selbst die Scharen entließ.
Nachdem er die Volksscharen entlassen hatte,
stieg er allein auf den Berg, um zu beten.
Als es Abend geworden war, befand er sich dort allein.
(Mt 14,22f)

Einen Tag lang bin ich mit einem Mitbruder am See
Gennesaret unterwegs. Unterhalb des Berges der Selig-
preisungen zwischen Tabgha – also dort, wo der Überlieferung nach das Wunder der Brotvermehrung
geschah – und Kafarnaum verlassen wir die Uferstraße.
Hier ist ein kleiner, etwas schmuddeliger Parkplatz.
Fast zu übersehen, führt von dort ein Trampelpfad
nach oben. Wir folgen ihm und stehen wenig später
vor einer Grotte. Sie ist nur etwa zwei Meter tief, darin
eine Bank, eigentlich nur ein einfacher Holzbalken.
Zwei oder höchstens drei Personen können darauf Platz
nehmen. Fast könnte man die Grotte übersehen.

Doch einer alten Tradition gemäß hat diese Grotte
eine tiefe Bedeutung. Pilger sehen in ihr seit frühester
Zeit den Ort, an den Jesus sich zurückzog, um in der
Einsamkeit zu beten. Ganz unwahrscheinlich ist das
nicht. So endet ja die Perikope von der Brotvermehrung
bei Johannes mit der Aussage, dass Jesus sich auf den
Berg zurückzog. Diese Stelle wäre ganz in der Nähe

des Ortes der Brotvermehrung. Man ist dort allein und doch durch die Grotte ein wenig geschützt gegen Wind und Regen.

Hier also soll Jesus gebetet haben. »Herr, lehre uns beten« (Lk 11,1), haben einst die Jünger den Meister gebeten. Was kann ich von Jesus lernen, wenn ich hier, an seinem Gebetsort, zu beten versuche? Schweigend sitzen der Mitbruder und ich auf dem Holzbalken. Verschiedene Schriftstellen ziehen an meinem inneren Auge vorbei. Dann schaue ich einfach in die Landschaft. Unter mir höre ich noch leise das Rauschen der Autos auf der Uferstraße. Vor mir liegt der See. Das Licht der Abendsonne spiegelt sich im Wasser. Am anderen Ufer kann man die einzelnen Täler der Golanhöhen ausmachen. Irgendwo dahinter ist die Grenze nach Syrien und dort herrscht der blutige Bürgerkrieg. Mein Mitbruder hatte mir erzählt, dass er in seinem Quartier am See Gennesaret nachts die syrische Artillerie gehört habe.

Das also war die Gebetsrichtung Jesu. Wie weit hat dieser Blick Jesus in seinem Beten geprägt? Vielleicht hat er ja bisweilen bewusst mit geschlossenen Augen gebetet. So konnte er ganz in sich hineinhorchen und auf diese Weise Verbindung mit Gott, seinem Vater, aufnehmen. Jedoch wird er immer wieder mit offenen Augen gebetet haben. Jedenfalls ist in den Evangelien die Rede davon (vgl. Joh 17,1).

Wenn Jesus also hier saß und beim Beten die Augen erhob, dann sah er die Sterne am Himmel. Sie mögen ihn an die Verheißung erinnert haben, die an Abraham erging. Er mag gedacht haben an jenen Stern, von dem der Seher Bileam sprach (vgl. Num 24,17). Die Sterne waren am Tag nicht sichtbar. Jedoch in der Nacht, wenn Jesus betete, leuchteten sie. Beten heißt also, ich stelle mein Leben in einen Horizont, der nicht so einfach sichtbar ist. Es ist der Horizont der Verheißung. Ich darf glauben, dass mein Leben unter einer Verheißung steht, so wie sich der nächtliche Beter bei der Grotte als einer erfährt, über dem sich der Sternenhimmel wölbt. Beim Beten muss ich also nicht gleich etwas tun. Ich muss mir, meinen Mitbetern und auch Gott nichts beweisen. Ich nehme zuerst einmal wahr, dass ich unter einer Verheißung stehe.

Nicht immer ist der Himmel klar. Im Orient ist dies freilich öfter der Fall als bei uns. Wolken verdecken nicht selten die Sicht und das Licht der Städte lässt die Sterne verblassen. Daher ist es für den Sternenbetrachter gut, ab und zu an Orte zu gehen, wo die äußeren Verhältnisse so sind, dass die Sicht klar ist und die Sterne gut zu erkennen sind. Wenn ich diese Bilder tief in mir trage, dann helfen sie mir auch dann, wenn die Sterne nicht mehr zu sehen sind. Ich kann sie erahnen und weiß, sie sind da.

Geprägte Orte und Zeiten

Ähnlich ist es beim Beten. Es tut gut, ab und zu geprägte Orte aufzusuchen und mir Zeiten zu nehmen, die intensiv dem Gebet gewidmet sind. Exerzitien zum Beispiel sind solche Zeiten oder eine monatlich bewusst gewählte Auszeit. Die Erfahrung, die ich von dort in meiner Seele mitnehme, kann mich gerade dann tragen, wenn der Alltag mich mit vielen Fragen überflutet. Jene Erfahrungen helfen mir, in den kleineren Gebetszeiten des Alltags wieder mit meiner Seele ins Beten zu kommen.

Jesus sah beim Beten also die Sterne. Was hat er noch gesehen? Mein Blick an jenem Abend fällt jedenfalls immer wieder auf den See. Es ist faszinierend, die Wellen und die sich in ihnen spiegelnde Sonne zu beobachten. Nachts war dies nicht zu sehen, da war der See dunkel. Aber – stimmt das wirklich? Ich erinnere mich an eine Begebenheit in der Nacht am See Gennesaret. Die Fischer waren mit ihren Booten draußen. Mir fiel auf, dass sie mit großen Scheinwerfern hantierten. Sie leuchteten den See ab. Hatten sie etwas verloren? Später kam mir der Gedanke, das Licht wird die Fische anziehen. Wenn man also jetzt die Netze auswirft und dann hinter dem Netz eine Lichtquelle entzündet, dann ist die Wahrscheinlichkeit groß, dass die Fische auf das Licht zuschwimmen und geradewegs im Netz landen.

Ob sich Petrus und seine Kollegen diesen Effekt auch zunutze gemacht haben? Vielleicht hatten sie Öllampen dabei, um die Ausbeute zu erhöhen. Dann jedenfalls hätte Jesus von oben die Lichter der Jünger auf dem See gesehen. Diese Lichter hätten ihn an das erinnert, was ihm die Jünger tagsüber vom Fischfang erzählt haben. Manchen Misserfolg hatte er ja selbst miterlebt.

Auch das wird das Beten Jesu entscheidend geprägt haben. Im sogenannten »hohepriesterlichen Gebet« (vgl. Joh 17) betet Jesus ja ausführlich für die Jünger. Die Experten machen uns darauf aufmerksam, dass dieser Text eine Komposition ist und weniger ein Protokoll dessen, was Jesus beim letzten Abendmahl gesagt hat. Aber – in diesem Kapitel gegen Ende des Johannesevangeliums schlägt sich wohl nieder, was die Jünger immer wieder mit Jesus erfahren haben mögen. Dass sein Beten sehr konkret ist. Wie oft betet Jesus für einen Menschen, wenn dieser ihn um Heilung bittet. Es ist ein Gebet, konkret hineingesprochen in eine Situation. Er benennt die Lage konkreter Menschen und trägt sie vor den Vater.

Seit jenem Abend in der Grotte bewegt mich das immer wieder bei der Feier der Eucharistie. Wenn ich am Altar stehe, schaue ich auf Brot und Wein, die Gaben der Verheißung. Es ist das Brot des Lebens und der Kelch des Heiles, wie der Priester dann betet. Zugleich schaue ich auf die Menschen, mit denen ich Eucharistie feiere. Diejenigen, welche die Eucharistie mitfeiern, schauen ebenfalls auf die Gaben und sie schauen auf den Zelebranten, also mindestens auf einen Menschen. Je nach Anordnung des Kirchenraumes sehen sie auch weitere Menschen, die dahinter stehen. Darüber hinaus haben viele Gottesdienstbesucher Menschen im Herzen, die sie ins Gebet nehmen: Bedrängte, Leidende, Verstorbene. In die Gebetshaltung Jesu hineinzuwachsen, bedeutet also auch, sich seinen Blick auf die Menschen schenken zu lassen.

Inzwischen ist der Abendwind gekommen. Es ist noch früh im Jahr und es wird kühler. Mein Mitbruder und ich stehen auf und steigen den Pfad hinab. Auf dem Parkplatz sitzt etwas verloren ein Mann in seinem Auto und hört Musik. Nebenan quillt der Mülleimer über. Auf der Uferstraße fahren zwei UNO-Transporter vorbei. Genügend Anlass zum Gebet.

8. Einem genetischen Code auf der Spur

Nach diesen Worten ging Jesus mit seinen Jüngern hinaus
auf die andere Seite des Baches Kidron.
Dort war ein Garten, in den er mit seinen Jüngern ging.
(Joh 18,1)

September 2014: Als noch relativ neuer Weihbischof bin ich von der Bischofskongregation des Heiligen Stuhls eingeladen zu einer Tagung für Neubischöfe. Auf uns warten Vorträge, Impulse und eine Wallfahrt zum Grab des heiligen Petrus. Im Tagungszentrum finde ich mich wieder mit 140 weiteren, ebenfalls in den vergangenen Monaten neu geweihten Bischöfen. Nicht wenige waren bis vor Kurzem Pfarrer gewesen. Die Themen, über die wir uns bei den Mahlzeiten unterhalten, sind oft sehr konkret: Wie gestalte ich jetzt unter den neuen Umständen meinen Alltagsrhythmus? Was bedeutet das neue Amt auch für mein geistliches Leben und für die Freundschaften, in denen ich lebe?

Unter den Mitbrüdern sind auch fünf Bischöfe, die aus Syrien oder dem Irak stammen und die jetzt Verantwortung tragen in einer Diözese ihrer Heimat. Immer wieder kommen wir bei den einzelnen Mahlzeiten miteinander ins Gespräch. Auf Nachfrage erzählen die Bischöfe von dem, was sie in ihrer Heimat erleben. Der Kardinal, der die Tagung leitet, bittet diese Bischöfe, uns einen Abend lang Hintergründe zu erläutern und von Erfahrungen zu berichten. Ihr Zeugnis ist erschütternd und beeindruckend zugleich. Da halten Menschen ein Jahr lang in einer komplett belagerten Stadt aus. Als nach der Nahrung auch das Wasser zur Neige geht, graben sie Tiefbrunnen in ihren Gärten. Da wird berichtet von einem Bischof, der zu Besuch ist in einer Gemeinde seiner Diözese. Als er zurück in die Bischofsstadt will, ist diese schon von der IS-Miliz besetzt. Er wird nicht mehr in die Stadt gelassen und kann nur noch mit dem, was er am Leibe hat, fliehen. Am Fluchtort, immer noch in seinem Heimatland, versucht er, ein funktionsfähiges Hilfsprogramm für die Flüchtlinge aufzubauen.

Unsere Tage in Rom erhalten durch diese Begegnungen ein eigenes Gepräge. Wir bekommen eine Ahnung davon, was diejenigen durchgemacht haben, die in unseren Ländern als Flüchtlinge ankommen. Und wir werden aufmerksam auf die vielen, denen eine solche Flucht erst gar nicht möglich war. Es sind Menschen, die traumatisiert, den Verlust lieber Menschen betrauernd, irgendwo in einer Behelfsunterkunft als Binnenflüchtlinge im eigenen Land campieren. Diese Begegnungen in Rom ermutigen uns, in unserer Verkündigung und durch konkrete Projekte zuhause in der eigenen Diözese einen Beitrag zu leisten im Kampf gegen diese humanitäre Katastrophe.

Infragestellungen

Und es bleiben weitere Fragen, existenzielle Fragen, theologische Fragen. Wie kann der gute und liebende Gott, der uns in der Bibel als der allmächtige und zugleich liebende Gott vorgestellt wird, diese Dynamik des Bösen zulassen? Wie kann er zulassen, dass neben den grausam zu Tode Gekommenen weitere Unzählige sind, die aufgrund von traumatisierenden Erfahrungen und Entwurzelung kaum in der Lage sein werden, jemals wieder ein geregeltes und eigenständiges Leben zu führen? Wie ist diese Dynamik des Bösen zu verstehen, bei der Menschen derartig ideologisch verblendet werden, dass zu befürchten ist, dass sie auch nach Ableistung einer Strafe kaum mehr in ein ziviles Leben integriert werden können? Es sind Fragen, auf die auch Bischöfe keine einfache Antwort haben.

Mich bewegt seither noch eine weitere Frage. Dabei geht es um einen Aspekt, der das grundsätzliche Verständnis unserer Kirche betrifft: In Mossul und an anderen Orten gab es seit der Zeit der ersten Apostel durchgängig bis in unsere Zeit christliche Gemeinden. Es gab hier das, was wir nach katholischer und orthodoxer Tradition als »Teilkirche« bezeichnen. Darunter versteht man – vereinfacht gesagt – ein Netzwerk von Gemeinden innerhalb einer Diözese, die von einem Bischof geleitet wird. Sie heißt »Teilkirche«, weil sie eingebunden ist in den großen Organismus der Universalkirche. Diese Teilkirche im Zweistromland wurde gebildet von Menschen, die teilweise aramäisch sprechen, eine Sprache also, die sehr nahe an der Sprache Jesu ist. Über fast zwei Jahrtausende hatte hier eine solche Kirche existiert. Und nun, seit dem Sommer 2014, gibt es diese Kirche nicht mehr. Sicherlich, viele ihrer Mitglieder sind weiterhin am Leben und versuchen am neuen Ort auf beeindruckende Weise ihren Glauben zu leben. Aber das lebendige Netz von Gemeinden in der Ebene von Ninive ist verschwunden. 2003 lebten allein in der Stadt Mossul noch 50.000 Christen, für die es mehr als 30 Kirchen gab. Wo 2000 Jahre lang und bis vor Kurzem eine sehr lebendige Kirche war, sind plötzlich keine Christen mehr und die Kirchen wurden gewalttätig zerstört.

Die Kirche von Mossul existiert an jenem Ort, an dem sie 2000 Jahre lang lebte, nicht mehr. Die vernichtende Dynamik kam von außen, relativ plötzlich und mit voller Wucht. Die Kirche ist dort verschwunden und die Erklärungen, die wir hierzulande bemühen, um den langsamen oder bisweilen auch schnelleren Schrumpfprozess unserer Kirche zu erklären, greifen dort nicht. Das wirft Fragen auf, die nicht leicht zu beantworten sind. Denn wenn wir hierzulande über solche Schrumpfungsprozesse sprechen, dann nennen wir gerne als einen der Gründe, dass einzelne Glieder der Kirche hinter dem Sendungsauftrag Jesu zurückgeblieben sind. Bei der Art und Weise, wie das Christentum in Mossul verschwunden ist, sind diese Faktoren aber allenfalls von sehr untergeordneter Bedeutung.

Unser Bild von Christsein und Kirche ist in unseren Breiten stark von einem ethisch-moralischen Verständnis geprägt. Dafür gibt es gute Gründe. Das christliche Menschen- und Gemeinschaftsbild, insbesondere die Erkenntnis von der unverlierbaren Würde jedes Menschen und damit der Anspruch auf ein Leben, das dieser Würde entspricht, hat in der Entstehung der modernen westlichen Zivilisation einen wichtigen Einfluss gehabt. Dass dieses Zueinander von christlichem Glaube und Kirche einerseits und Gesellschaft andererseits alles andere als spannungsfrei verlief, dürfte allgemein bekannt sein.

Was die Gesellschaft prägen soll, muss auch das Verhalten der einzelnen Christen als Kirche und in der Kirche bestimmen. Der moralische Anspruch gilt vor allem auch für das, was innerhalb der Kirche geschieht. Wo es hier zu Ausfällen oder gar zu einer Doppelmoral kommt, ist der Niedergang nicht weit. Daraus ziehen wir auch den umgekehrten Schluss: Wo kirchliches Leben zurückgeht, muss es – nicht ausschließlich, aber auch – Gründe geben, die im konkreten Lebensvollzug der Kirche selbst zu suchen sind. Daraus erwächst eher unausgesprochen die Überzeugung: Wenn alle Glieder der Kirche doch nur dem Evangelium gemäß handeln würden, dann ginge es mit der Kirche (wieder) aufwärts.

Jedoch kann genau dies nicht erklären, was mit der Kirche im Nahen und Mittleren Osten derzeit geschieht. Blicken wir mit der Frage, die daraus resultiert, auf das Evangelium. Unter welcher Verheißung steht die Kirche eigentlich? Die letzten Worte Jesu am Ende des Matthäusevangeliums enthalten einige wesentliche

Elemente dieser Verheißung. Der Herr gibt seinen Jüngern die Zusage, bei ihnen zu bleiben bis zum Ende der Welt. Diese Zusage gab und gibt bedrängten Christen gerade heute Kraft, ihr Leben in die Hand zu nehmen und sich um das der noch Schwächeren zu sorgen. Mit dieser Zusage Jesu ist sein Auftrag verbunden: »Darum geht und macht alle Völker zu Jüngern ...« (Mt 28,19) Die Erfahrung, dass Kirche schrumpft und an manchen Orten ganz verschwindet, bietet also gerade nicht die Legitimation, sich in bestimmte Kreise und Milieus zurückzuziehen. Sondern es bleiben prinzipiell alle Kulturen potentielle Adressaten der Frohen Botschaft.

Ein wichtiges Element aber scheint zu fehlen in diesen letzten Worten Jesu an seine Jünger. Diese hören die Zusage und den Auftrag. Was sie aber nicht hören, ist eine Aussage, in welcher Gestalt und in welcher Größe die Gemeinschaft der Jünger Jesu, also die Kirche, am Ende der Zeiten dastehen wird.

Man könnte jetzt einwenden, eine solche Aussage könne Jesus gar nicht getroffen haben, denn das, was wir heute Kirche nennen, ist von der Form her erst später entstanden. Doch verkennt dies ein sehr zentrales Wesensmerkmal der Verkündigung und des Handelns Jesu. Bei all dem, was Jesus tut und wovon er spricht, geht es ganz entscheidend auch um die Sammlung des Gottesvolkes. Die Heilung der Aussätzigen und des Blindgeborenen zielen nicht zuletzt auch darauf, diese Menschen wieder hineinzuholen in das Volk Gottes. Die Symbolik der Zwölfzahl bei der Wahl der Jünger verweist auf den Anspruch, die zwölf Stämme Israels neu zu sammeln. Wenn im Matthäusevangelium Jesus den Jüngern den Auftrag gibt, Menschen aller Völker im neuen Gottesvolk zu sammeln, dann bekennt es damit: Die Entscheidung der frühen Kirche, auch Nichtjuden mit der Frohen Botschaft in Verbindung zu bringen, ist im Auftrag Jesu an seine Jünger selbst begründet, sie liegt in einer Dynamik der Sammlung, die in Jesus seinen Ursprung hat. Unter den Jüngern, die Jesus zu seinen Lebzeiten sammelt und die ihm nachfolgen, finden sich ja noch keine Nichtjuden. Nach dem Zeugnis der Evangelien kommt Jesus lediglich einige Male mit diesen intensiver in Berührung. Hingegen wächst in der jungen Kirche das Bewusstsein für die universelle Bedeutung von Leben und Botschaft Jesu. Doch fehlt in den Schriften des Neuen Testaments jede Aussage, in welcher Größenordnung die Kirche dereinst in dieser Welt etabliert sein wird.

Spätestens seit dem Verschwinden der großen Christengemeinden in Nordafrika macht die Kirche die Erfahrung, dass ihre Geschichte nicht einfach ein linearer Wachstumsprozess ist. Es gibt Brüche. Immer wieder haben die Christen sich damit getröstet, dass dann, wenn kirchliches Leben an einem Ort zurückging, es an anderen Orten dafür umso mehr aufblühte, etwa in Afrika, Asien und Lateinamerika. Auch dahinter steckt bisweilen manch moralisierende Erwägung: Die Kirche sei eben dort stärker, wo sich deren Glieder um ein authentisches Christsein bemühen.

Doch erklärt diese Interpretation wirklich befriedigend die Phänomene von Wachstum und Rückgang kirchlichen Lebens? Und – entspricht diese Beschreibung tatsächlich dem Evangelium? Ist es gar möglich, dass die Kirche am Ende der Zeiten – wie auch immer man sich dieses Ende vorstellen mag – deutlich kleiner sein wird, als sie es zwischenzeitlich schon einmal gewesen ist?

Wir wehren uns gegen die Vorstellung, dass jene Gemeinschaft, zu der wir gehören, deutlich und vor allem dauerhaft kleiner werden könnte. Dieser Abwehrreflex weist auch Spuren der Evolution auf, analog ausgedrückt, eine Art genetischen Code. Für unsere Vorfahren war es überlebensnotwendig, zu einem Stamm, zu einem Clan zu gehören, der wächst. Dieses Wachstum macht sich in der Regel fest an der Zahl der Mitglieder, an gemeinsamem Vermögen und am Grad des Einflusses auf die jeweilige Gesellschaft. Für dieses Ziel waren sie bereit, vieles aufzugeben und einzusetzen.

Genau diese Ursehnsucht des Menschen wird bei dem, was die Jünger mit Jesus in Galiläa erleben, zunächst zur Genüge bedient. Die einfachen Fischer erfahren plötzlich, dass sie zu einer Volksbewegung werden und ihr persönliches Ansehen als ursprünglich marginalisierte Kleinstunternehmer mit dem größer werdenden Wirkungsradius des Meisters steigt. Schließlich sind sie nach vielen beeindruckenden Erfahrungen vor den Toren der Stadt Jerusalem angekommen. Der Zeitpunkt ist mehr als günstig, das Paschafest naht und viele Pilger aus unterschiedlichen Provinzen des römischen Reiches sind in der Stadt. Somit steigt die Chance, sehr viele Menschen zu erreichen, womöglich auch solche, die

die Botschaft Jesu in ferne Länder tragen. Jesus beschließt, auf einem Esel in die Stadt zu reiten, das Volk jubelt ihm zu. Die Bewegung ist inzwischen so stark, dass auch die kritisch eingestellte Führungselite des Volkes wenig dagegen auszurichten vermag. Jetzt – so werden die Strategen unter den Jüngern gedacht haben – steht der entscheidende Sprung an: Von der galiläischen Regionalbewegung werden wir nun zu einer Größe, die im Schatten des Tempels die Geschicke des Volkes entscheidend prägen wird.

Fünf Tage später gibt es keine solche Bewegung mehr, weder im Schatten des Tempels noch in Galiläa. Übrig bleiben ein Gekreuzigter und bestenfalls zwei Menschen, die ihm bis zum Tod beistehen, seine Mutter und der Lieblingsjünger. Mit dem für seine Anhänger völlig unvermittelt eintretenden irdischen Tod Jesu endet – vorläufig zumindest – auch die Bewegung derer, die ihm nachfolgen.

Diesem Jesus – und keinem Anderen – ist die Kirche zur Nachfolge verpflichtet. Es ist nicht ihr erster Auftrag, strategisch durchdacht und effektiv möglichst viele Mitglieder an möglichst vielen Standorten zu gewinnen. Vielmehr sollen diejenigen, die sich zu ihr zählen, sich als Glieder des Leibes Christi erfahren. Damit gemeint ist eben gerade auch jener Christus, der am Ende seines irdischen Weges geschunden und verlassen am Kreuz hängt. Darin zeigt sich so etwas wie der genetische Code der Kirche.

Fatale Fehldeutungen

Um nicht falsch verstanden zu werden: Der universale Sendungsauftrag bleibt. Dafür spricht auch die Erfahrung, dass die Berührung mit dem Evangelium unzähligen Menschen Perspektiven zu einem erfüllten Leben erschlossen hat. Dennoch bleibt die Herausforderung, diesen Sendungsauftrag nicht mit dem erwähnten in uns lebenden »genetischen Code« aus der Evolution zu verwechseln. Der Auftrag Jesu ist nicht zu verwechseln mit unserer Sehnsucht, zu einem einflussreichen und potenten Stamm mit möglichst vielen Mitgliedern gehören zu wollen.

Zu oft sind Christen genau dieser Verwechslung erlegen. In Kulturen, in denen dies möglich war, versuchte man, notfalls mit Gewalt, möglichst viele Menschen zu Christen zu machen. Man legitimierte dies mit dem Sendungsauftrag Jesu und übersah, dass es oft ganz andere Triebkräfte waren, die das eigene Vorgehen bestimmten. Ob bei der Sachsenmission oder der Kolonialisierung Afrikas, die Kirche machte sich bisweilen allzu gerne zum gefügigen Partner einer aufstrebenden Macht. Mission war bisweilen gepaart mit einem gehörigen Maß an Aggression.

Es ist möglich, dass sich ein gewisses »evolutives Gen«, gerne zu einem wachsenden und einflussreichen Stamm zu gehören, heute unter anderen Vorzeichen ebenfalls bemerkbar macht. Zumindest in unserer europäischen Kultur ist die Frustration über den sogenannten Mitgliederschwund der großen christlichen Kirchen sehr groß. Damit sind für viele Glieder unserer Gemeinden auch sehr persönliche und schmerzhafte Erfahrungen verbunden. Das kann die Entscheidung sein, ein zur Heimat gewordenes Gotteshaus zu schließen und zu verkaufen. Da ist das Ende eines Kirchenchores aufgrund von Mitgliederschwund. Da ist die bittere Erkenntnis, dass trotz aller Mühen in der Erziehung die eigenen Kinder nichts mehr von der Kirche wissen wollen.

Bisweilen können wir neben aller Trauer und allem Schmerz als Reaktion auch bei uns Phänomene von Aggression ausmachen. Es ist eine Aggression, die sich nach außen und gleichzeitig nach innen richtet. Für die einen ist »die Welt« schuld, die so anders ist und die bereits allzu sehr in der Kirche präsent ist. Andere erkennen in einer allzu großen »Weltferne« der Kirche die Ursache für den kirchlichen Niedergang. Auffallend in der Diskussion ist, dass es in der Regel »die Anderen« sind – ob jenseits der Kirche oder in der eigenen Glaubensgemeinschaft –, welche sich zu ändern haben. Dabei findet doch die Aussage, dass zuerst und vor allem »die Anderen« sich ändern müssen, keine Begründung in den Schriften des Neuen Testaments. Vielmehr erfährt der Christ, dass er selbst immer erster Adressat der Aufforderung zur Umkehr ist. Es bleibt die Herausforderung, ein Leben lang an der eigenen Umkehr zu arbeiten.

Ob im Bemühen, »notfalls mit Gewalt« das Christentum auszubreiten, oder ob beim Frust über den zahlenmäßigen Rückgang, beide Male scheint dem zumindest implizit die Prämisse zugrunde zu liegen, dass doch

»eigentlich« das Christentum und die Kirche ein stetiges, wenn auch bisweilen weniger schnelles Wachstum zu verzeichnen hätten. Würden doch nur alle versuchen, die Botschaft Jesu ernst zu nehmen.

Doch gilt es gerade hier, Botschaft und Leben Jesu ernst zu nehmen. Wenn die Kirche Volk Gottes und Leib Christi ist, dann ist sie untrennbar mit dem verbunden, dessen irdisches Leben am Kreuz endete, und kann nur aus der Verbindung mit ihm existieren. Die Erfahrung des radikalen »Bruchs« und damit die Absage an eine wie auch immer gestaltete bruchlose lineare Entwicklung liegen also in Leben, Tod und Auferstehung Jesu begründet.

Angesichts der aufgezeigten existenziellen Herausforderungen für die Kirche heute kann ihr als Ganzer sowie den einzelnen Gliedern ein Hineinwachsen in jene existenzielle Spannung nicht erspart werden, die das Leben Jesu kennzeichnet. Er, dessen Streben ganz darauf ausgerichtet war, das Gottesvolk neu zu sammeln, hatte wohl schon sehr früh eine Ahnung davon, dass sein Leben gewaltsam und abrupt enden könnte. Sein irdisches Leben besteht darin, einerseits alles zu tun, um – in seinen Worten – »den Willen des Vaters zu vollenden«, und andererseits mit der Möglichkeit zu rechnen, dass ihm alles genommen wird, gerade auch sein eigenes Leben.

Im Garten Getsemani findet diese Spannung einen Höhepunkt. Jesus ringt um den Willen des Vaters, wo es um sein eigenes Leben geht. Die Jünger sind dabei nicht nur physisch anwesend, sondern sie sind wesentlicher Inhalt des Betens Jesu. Im sogenannten »hohepriesterlichen Gebet« (Joh 17) schildert uns das Johannesevangelium Jesus, der beim letzten Abendmahl für seine Jünger betet. Jesus ringt angesichts seines nahenden Todes mit der Frage, welche Zukunft seinen Jüngern beschieden ist. »Vater, dein Wille geschehe«. Jesus, der sein öffentliches Auftreten als Vollzug des Willens des Vaters verstanden hat, wird ganz im Sinne dieser inneren Grundhaltung herausgefordert, innerlich loszulassen, die Zukunft seiner Sendung und die Zukunft der Jünger in die Hände eines anderen zu legen.

Immer wieder erfahren sich Menschen im Laufe der wechselvollen Geschichte der Kirche in diese Spannung Jesu hineingestellt. Vielleicht ist es kein Zufall, dass gerade in unserer Zeit die Persönlichkeit von Charles de Foucauld viele Menschen anspricht. Er, der lange auf der Suche nach seiner Sendung war, durfte zeit seines Lebens nie erfahren, welche Früchte aus seinem Tun für andere erwachsen sind. Vielmehr starb er unschuldig und nach menschlichen Maßstäben sinnlos. Sein eindrucksvolles Gebet erzählt genau vom Ringen, in die Haltung Jesu am Ölberg hineinzuwachsen.

Für die Kirche und ihre einzelnen Glieder ist die Eucharistie »Quelle und Höhepunkt« allen kirchlichen

Lebens. Jenes letzte Abendmahl Jesu, das in jeder Eucharistiefeier vergegenwärtigt wird, mündet in den Gang Jesu und seiner Jünger zum Ölberg. Was bedeutet es, wenn jenes Geschehen im Abendmahlssaal, dessen wir in jeder Eucharistiefeier gedenken, in einen Akt der völligen Hingabe mündet?

Ob sich hier nicht ein wesentliches Merkmal dessen zeigt, wofür die Kirche steht und was ihr Auftrag ist? Muss es ihr nicht wesentlich um die Sorge darum gehen, dass ihre Glieder sich nach Kräften um den Einsatz für die Frohe Botschaft Jesu bemühen und zugleich in eine Haltung des Loslassens hineinwachsen, des Loslassens gerade auch jener Früchte, die vom eigenen Einsatz erhofft werden? Doch auch hier gilt es, jeder vorschnellen Moralisierung vorzubeugen. Es ist das übereinstimmende Zeugnis der Evangelien, dass die Jünger, obgleich gute zwei Jahre von Jesus geführt und geformt, in jener Nacht auch nicht im Ansatz verstanden, worum es eigentlich ging. Dies möge von falschem Druck entlasten. Eine Entschuldigung, nicht selbst in den Garten Getsemani aufzubrechen, ist es freilich nicht. Für die Kirche selbst bleibt dies eine Provokation: Welche Rolle spielt bei all dem, was wir im Sinne von Erneuerung der Kirche planen, bedenken, diskutieren und versuchen, der Weg in den Garten Getsemani? Möglicherweise tun wir uns damit auch deshalb so schwer, weil dieser Weg nicht so einfach planbar ist. Die Jünger sind Jesus ja schließlich auch einfach hinterhergegangen, ohne dass sie einen genauen Plan hatten.

Noch einmal klingt mir hier die Mahnung eines der irakischen Bischöfe nach: »Nehmt unsere Christen, wenn sie zu euch kommen, in die Mitte eurer Gemeinden!« Mir drängt sich die Ahnung auf, dass es hier um deutlich mehr geht, als nur ein weiteres soziales Projekt. Diese Christen, die als Flüchtlinge in unsere Breiten kommen, haben eine Ahnung davon, wie es im Garten Getsemani aussieht. Oft verborgen sind auch noch weitere Jünger jenes Gartens unter uns. Es sind Menschen, die sich nach einem Schicksalsschlag und vielen Höhen und Tiefen innerlich durchringen konnten, etwas loszulassen. Nicht selten machen sie die Erfahrung, die bei Trauernden oft auch nach Jahren zu beobachten ist, nämlich dass das Losgelassene sie nochmals einholt und erneut ein solcher Schritt gefordert ist. Wo solche Menschen einen Ort haben im Leben unserer Gemeinde, da kann dies möglicherweise auch uns inspirieren, unseren Eingang in jenen Garten zu finden.

Jener historische Garten Getsemani im Kidrontal liegt unter dem Niveau der Altstadt von Jerusalem. Der Weg in den Garten ist ein Weg nach unten. Er kostet den Mut, Vertrautes loszulassen. Dem Johannesevangelium ist bei der Ortsangabe noch wichtig, dass Jesus mit seinen Jüngern »auf die andere Seite des Baches Kidron [ging].« (Joh 18,1b) Dieser Weg über das Wasser hin zu einem Garten mag die Assoziation an den Weg über den Jordan in jenes verheißene Land wecken, das den Nomaden aus der Wüste wie ein großer Garten erschienen sein muss. Deutet dieses Bild vom Weg über das Wasser aber auch einen Sprung an, der gerade für den heutigen, aufgeklärten und nach Selbstbestimmung und Freiheit strebenden Menschen alles andere als leicht und einsichtig ist?

Der Weg über den Bach Kidron – so mein Eindruck – markiert einen der Orte, wo der Kern der christlichen Botschaft – und nicht manche ihrer Deformationen – radikal im Gegensatz zum Lebensgefühl vieler heutiger aufgeklärter Menschen steht. Die Evangelien zeichnen uns ein Konzept von Freiheit, das – für einen antiken Text überaus eindrücklich – die Einmaligkeit, Unverwechselbarkeit und Selbstverfügbarkeit des Menschen voraussetzt. Die Originalität, mit welcher die einzelnen Jünger – gerade auch in dieser Nacht – in den Evangelien porträtiert werden, und die Schilderung ihrer Beziehung zu Jesus, die in unterschiedlichen Situationen neu zur Entscheidung herausfordert, unterstreichen dies.

Und dennoch bedeutet der Weg über den Bach Kidron einen radikalen Sprung für Herz, Wille und Verstand. Es geht um die Bereitschaft, sich der Dynamik eines Gegenübers zu überlassen, der für mich wesentlich Geheimnis ist und Geheimnis bleiben wird. Ist dies vernünftig? Oder kann ich mich meinem Gegenüber immer nur so weit überlassen, wie ich das mit meinem Verstand einholen kann? Kann also Beziehung immer nur »Beziehung auf Widerruf« sein, für die meine Vernunft einziger Maßstab und Kriterium bleibt? Zum Widerspruch der menschlichen Existenz gehört, dass der Mensch als Wesen der Freiheit in sich die unendliche Sehnsucht nach Beziehung trägt. Er will unbedingt angenommen sein, ohne dass diese Annahme begrenzt ist auf bestimmte angenehme Aspekte seiner Persönlichkeit oder einen interessanten Zeitabschnitt seines Lebens. Gerade mit den »dunklen« Seiten seiner Existenz möchte er angenommen sein. Dabei macht er die Erfahrung, dass jedes ernsthafte Sich-Einlassen auf Beziehung, sei es zu einem Menschen oder zu Gott, für seine Freiheit ein Sprung bleibt, weil er sich damit in die Bindung zu einem Gegenüber begibt, der Geheimnis bleibt und damit dem Zugriff seiner Freiheit entzogen ist. Ja, der einzelne Mensch bleibt sich selbst immer ein gutes Stück weit Geheimnis. Für Christen bleibt die Hoffnung, dass dieser Vorgang, bei dem sich der Mensch in Freiheit – und durchaus nach vernünftiger Abwägung – ganz einem »Du« anvertraut, nicht einfach nur ein Widerspruch ist. Vielmehr – so der christliche Glaube – kann im »Du« des Anderen das »Du« Gottes aufleuchten. Erlösung – und damit tiefe Befreiung – findet der Mensch nicht einfach in sich selbst, sondern in der Beziehung zu Gott.

Kehren wir zurück zu dem, was jener Begegnung im Garten Getsemani folgt. Die Reaktionen der Jünger auf das, was in jener Nacht mit Jesus geschieht, lassen sich unschwer in Beziehung setzen zu Reaktionsmustern, die wir auch heute unter den Jüngern Jesu ausmachen können. Petrus verfällt zunächst in einen eigentümlichen Aktivismus, er zückt sein Schwert. Später folgt Jesus in den Palast des Hohepriesters, möglicherweise, um durch Verhandlungen doch noch etwas zu erreichen. Dabei bemerkt er zu spät, dass er seine Beziehung zu Jesus längst verleugnet hat. Die anderen Jünger schotten sich ab, verriegeln die Türen und verfallen in Lethargie. Wieder andere halten auch dies nicht aus, brechen auf nach Irgendwo. Emmaus ist ein Ziel, das bis heute nicht richtig lokalisiert werden kann. Wieder andere gehen zum Grab und beweinen den, der einmal da war, der sich aber nicht mehr finden lässt.

Loslassen

Das Johannesevangelium beschreibt die Passion Jesu so, dass zwei Menschen den Weg Jesu bis zum Ende mitgegangen sind: seine Mutter und der Lieblingsjünger. Das, was Jesus zeit seines irdischen Wirkens gelebt und verkündet hat, trägt also doch Früchte. Es trägt Früchte dort, wo Menschen die Fähigkeit gegeben ist, in jene innere Haltung Jesu hineinzuwachsen.

Maria muss ihren Sohn loslassen. Es gehört wohl zum Schrecklichsten, was Eltern passieren kann, wenn sie – wie wir dann sagen – ihren eigenen Kindern ins Grab schauen müssen. Für diese Frau, die damals offenbar schon Witwe ist, sind damit zusätzlich Existenzängste verbunden. In der damaligen Gesellschaft ist sie rechtlos. Fragen. Wie geht es weiter mit mir? Ganz konkret: Wer sorgt für mich?

Noch etwas muss Maria loslassen. Sie war hineingewachsen in die Aufgabe, Mutter Jesu zu sein, ihn auf seinem Weg zu begleiten. Sie war davon ausgegangen, dass dies ihr ganzes Leben erfüllen wird, sowohl ihre ganze Kraft als auch ihre ganze Lebenszeit. Jetzt – unter dem Kreuz – muss sie erkennen, dass ihr jenseits dieser Aufgabe noch ein gehöriges Stück Lebenszeit bleiben wird. Jesus ist nicht mehr greifbar da. Für Maria könnte in jener Stunde auch existenziell die Frage aufgebrochen sein: Wofür lebe ich jetzt? Sie lässt damit nicht nur ihren Sohn los, sondern auch das Bild, welches sie all die Jahre hindurch von sich selbst entwickelt hat.

Maria erfährt Ostern, als sie tief innerlich loslassen kann. Es ist interessant, wo wir Maria, die Mutter Jesu, in den Schriftworten, die von den Ostererfahrungen berichten, finden. Die Mutter Jesu sitzt nicht – wie man es erwarten könnte – am Grab Jesu. Das wäre naheliegend. Denn das Grab ist ja in der Regel der Ort, der Trauernden hilft, ihre Beziehung zum geliebten Verstorbenen weiter zu pflegen. Am Grab finden wir am Ostermorgen eine ganze Reihe von Jüngern, Männer und Frauen. Maria ist nicht dabei. Dabei wäre es doch ein Leichtes für sie gewesen, sich einer der Gruppe anzuschließen, jeder hätte Verständnis gehabt und die Mutter des Meisters mitgenommen.

Mir drängt sich hier ein Gedanke auf: Maria konnte gerade in jenen furchtbaren Stunden anknüpfen an eine ursprüngliche Erfahrung ihres Lebens: Gott kommt zu ihr, wo sie es nicht erwartet, und er kommt zu ihr in einer Weise, wie sie es nicht erwartet. Das hat sie damals in Nazaret für ihr Leben geprägt. Diese Haltung der Offenheit für das Wirken des Heiligen Geistes könnte ihr Selbstverständnis zutiefst geprägt haben.

Daher ist sie konsequenterweise genau da zu finden, wo sie nach Ostern ist, inmitten der Jünger, betend um den Heiligen Geist. Vermutlich ist es mehr als nur ein freundlicher Hinweis auf die Mutter Jesu, dass der Autor der Apostelgeschichte Maria eigens im Kreis der Jünger erwähnt. Die Jünger werden gespürt haben, da lebt eine Frau aus einer inneren Kraft, aus einer Haltung der Offenheit. Vielleicht hat sie das sogar erinnert an die Haltung, die sie bei ihrem Meister in jener Nacht von Getsemani beobachten konnten. Es ist eine Offenheit auf Gott hin, die gleichzeitig – wie bei Jesus im Garten Getsemani – ganz die anderen Jüngerinnen und Jünger Jesu im Blick hat. Maria flieht nicht nach Emmaus, Galiläa oder sonst wohin, sie zieht sich nicht zurück in die einsame Kammer, sondern sie ist präsent unter den Jüngern, und diese sind vermutlich in ihrem Beten präsent. Ähnlich wie damals bei der Hochzeit zu Kana wird sie vor allem die unmittelbaren und sehr konkreten Nöte der Jünger in die Zwiesprache mit ihrem – nun nicht mehr sichtbaren – Sohn gebracht haben.

Maria kann uns, gerade auch in der gegenwärtigen Situation der Jüngerinnen und Jünger Jesu, eine provozierende Fragen stellen: Wo sitzt du heute? Wie oft sitzt du innerlich am Grabe dessen, was einmal den Reichtum deiner Kirche, den Reichtum deiner Gemeinde oder Gemeinschaft ausgemacht hat? Wie oft trauerst du der Vergangenheit nach? Und wo – so könnte Maria sagen – bist du eigentlich auf die Suche gegangen nach denen, die heute das Wehen des Heiligen Geistes erwarten? Wo hast du selbst und tief existenziell um die Ankunft und Gegenwart dessen gebetet, der sagt: »Seht, ich mache alles neu.« (Offb 21,5) Er sagt: »Seht, ich mache alles neu«. Nicht: »Seht, ich stelle einen früheren und sehr wertvollen Zustand wieder her.« Die Kirche lebt da, wo Menschen bereit sind, auch Jahrzehnte nachdem sie wie einst Maria in Nazaret »Ja« zu ihrer Berufung gesagt haben, noch einmal ganz neu und radikal sich auf den Herrn einzulassen, der sagt: »Seht, ich mache alles neu«.

Der Überlieferung des Johannesevangeliums zufolge ist der Lieblingsjünger Jesu derjenige, welcher mit Maria den irdischen Weg Jesu bis ans Ende mitgeht. Den Lieblingsjünger finden wir dann tatsächlich am Ostermorgen auf dem Weg zum Grab. Dieser Jünger wird uns so geschildert, dass er aus einer tiefen Beziehung zu Jesus lebt. Er ist ihm treu geblieben. An diesem Ostermorgen liefert er sich einen Wettlauf mit Petrus und kommt als erster zum Grab.

Jetzt spricht eigentlich alles dafür, dass Johannes auch als erster ins Grab geht. Dafür könnte man ganz praktische Gründe anführen. Johannes war – im Unterschied zu Petrus – derjenige, der Jesus zuletzt gesehen hat, als Verstorbenen am Kreuz. In diesem Moment wird Jesus ganz anders ausgesehen haben als noch im Hofe des Hohepriesters, wo hingegen Petrus ihn zuletzt gesehen hatte. Wenn es also in der Unsicherheit um das geöffnete Grab um Klärung geht, spricht vieles dafür, dass Johannes als letzter Augenzeuge des Sterbens Jesu jetzt als erster zur Identifizierung des Leichnams hineingeht.

Doch Johannes lässt Petrus den Vortritt. Diese einfache und doch so schwere Geste ist ein starker Hinweis für das Leben der Kirche. Es geht hier, in dieser Situation, gerade nicht um Expertenwissen. Ja, es geht nicht einmal darum, wer von den beiden sich moralisch einwandfrei verhalten hat. Petrus bekommt den Vortritt. Und er hat den Vortritt gerade mit seiner Geschichte, mit seiner Verleugnung im entscheidenden Augenblick. Petrus macht die entscheidende Erfahrung mit Jesus, die seither und für alle Zeiten zu einer Grunderfahrung der Jünger Jesu wird: In Jesus fängt Gott neu mit mir an, auch da, wo ich existenziell versagt habe. Das ist die Botschaft des Petrus wie des Johannes. Diese Erfahrung der bedingungslosen Vergebung hat in jedem Fall bedingungslosen Vortritt.

Zurück zum Kurs der Bischöfe. Längst sind wir wieder zuhause. Zu Weihnachten 2014 erhalte ich eine Email, die mich nachhaltig beeindruckt. Es ist der Weihnachtsgruß eines der Bischöfe aus der Krisenregion, die mit mir in Rom beim Kurs waren. Ein Satz bringt es auf den Punkt: »Der Engel sprach zu den Hirten: Habt keine Angst. Grüße aus …«

9. Wunden und Wirklichkeit

Als er dies gesagt hatte,
zeigte er ihnen seine Hände und seine Seite.

(Joh 20,20a)

Ich bin eingeladen zu einer Wortgottesfeier mit jungen Menschen. Angesichts der Flüchtlingsproblematik wollen sie mit dem Gottesdienst und einigen anschließenden Angeboten einen Akzent setzen. Sie wollen für die Betroffenen beten und die Menschen hierzulande sensibilisieren. So sitze ich gut zwei Wochen vor dem Termin mit dem zuständigen Priester und einem jungen Mann, selbst Flüchtling, in meinem Büro. Wir sprechen über die Predigt, welche einen eigenen Akzent haben soll. Die jungen Leute sind auf die Idee gekommen, in meine Predigt das Zeugnis eines asylsuchenden jungen Menschen einzuflechten.

Der junge Mann in meinem Büro erzählt uns beiden seine Geschichte. Aufmerksam und zunehmend bewegt hören wir zu. Von seinem ersten Leben als junger Angestellter, das verheißungsvoll erschien. Dann war er zum falschen Zeitpunkt am falschen Ort und musste letztlich fliehen. Seine Flucht führte ihn nach vielen Stationen schließlich in eine Gemeinde im ländlichen Raum in unserer Diözese. Als Bewohner einer Flüchtlingsunterkunft kam er mit der örtlichen katholischen Gemeinde in Kontakt. Schließlich nahm ihn eine Familie auf, bei der er jetzt seit einiger Zeit lebt. Inzwischen konnte er sogar eine Ausbildung beginnen. Der anwesende Priester und ich fragen bei jenem Gespräch nach, ob es den jungen Mann nicht überfordern würde, vor den Gottesdienstbesuchern seine Geschichte zu erzählen. Nein, so dieser, er wolle es tun, das sei sein Weg, beispielhaft für viele solcher Wege, und es könne eine Chance sein, wenn er davon erzählt.

Eine beeindruckende Zahl von jungen Menschen ist schließlich zum Gottesdienst erschienen. Mit dem jungen Mann habe ich vereinbart, dass ich ihm vier Fragen stellen werde, so dass er seine Geschichte abschnittsweise erzählen kann. Sehr aufmerksam sind die Anwesenden dabei, als der junge Mann seine Geschichte erzählt. Schon von Beginn an spüre ich, dass diesmal das Erzählen für den Flüchtling mit deutlich mehr Emotionen besetzt ist als beim Vorgespräch im Büro. Nach der dritten Frage kommt sein Erzählfluss ins Stocken. Tränen in den Augen – nicht nur bei ihm. Ich drehe das Mikrofon weg und frage ihn, ob wir nicht doch besser aufhören sollten. Nein – so seine klare und bestimmte Antwort –, er wolle weitererzählen. Die Emotionen und Tränen bleiben. Doch er erzählt seine Geschichte zu Ende.

Nach dem Wortgottesdienst sind die jungen Menschen eingeladen, Kerzen auf den Altarstufen zu entzünden als Zeichen des Gebetes für Menschen in Not und Bedrängnis. Neben dem jungen Flüchtling sitze ich in der ersten Bank des Kirchenschiffes. Schweigend schauen wir auf das Kerzenmeer. Gegen Ende der Gebetszeit lade ich ihn für den Abend in eine Pizzeria ein.

Dort werden wir uns mit der Gruppe der Verantwortlichen treffen. Mir ist wichtig, dass es mit dem jungen Mann noch mal zu einer guten Begegnung kommt.

Zweifel

Einige Wochen später lese ich am Sonntag nach Ostern das Evangelium, welches uns den Jünger Thomas schildert, der zunächst nicht an die Auferstehung Jesu glauben will. Das Johannesevangelium erzählt, dass er am Abend des Ostertages nicht dabei war, als die anderen Jünger eine Begegnung mit dem Auferstandenen hatten. »Wenn ich nicht an seinen Händen das Mal der Nägel sehe und meinen Finger in das Mal der Nägel lege und meine Hand in seine Seite lege, glaube ich nicht.« (Joh 20,25b) So fällt seine Reaktion aus, als ihm die anderen von ihrer Erfahrung berichten.

In der christlichen Verkündigung hat es eine lange Tradition, Thomas als den »Ungläubigen« und »Zweifler« darzustellen. Dieser Zweifel wird in der Verkündigung in der Regel als etwas Negatives bewertet. Thomas genügen die Berichte der Anderen nicht. Für den Verfasser jener Textstelle scheint die Situation des Thomas, der zwar von der Auferstehung hört, selbst aber kein Augenzeuge ist, gewissermaßen prototypisch zu sein für die Erfahrung aller nachfolgenden Generationen. Auch sie sind auf das überlieferte Zeugnis angewiesen und können sich nicht mit eigenen Augen ein Bild machen. »Selig, die nicht sehen und doch glauben.« (Joh 20,29) Die Worte, welche der Auferstandene dem Johannesevangelium zufolge hier an Thomas richtet, wenden sich eigentlich an die Leser des Evangeliums. Diese sind ja gewissermaßen in einer ähnlichen Situation wie Thomas.

Aber ist Zweifel in Glaubensangelegenheiten wirklich so negativ zu bewerten? »Prüft alles und behaltet das Gute!«, so wird den Lesern bereits im ersten Brief an die Thessalonicher empfohlen. (1 Thess 5,21) Das kritische Nachfragen und Überprüfen hat im Christentum offenbar eine Tradition von Anfang an. Wenn es darum geht, dass der Mensch mit allen Dimensionen seiner Existenz mit Gott in Beziehung kommen soll, dann spielen dabei gerade auch sein Verstand, seine Fragen und auch seine Zweifel eine wichtige Rolle. Der Zweifel kann dazu führen, den Dingen noch einmal mehr auf den Grund zu gehen und dadurch tiefer zu verstehen, worum es eigentlich geht. Freilich kennt das Christentum leider auch oftmals sehr mächtige Traditionen, gemäß denen Fragen und Zweifel verdächtig und gefährlich erschienen und deswegen sanktioniert wurden.

Die Erzählung von der Begegnung des Auferstandenen mit Thomas könnte man also auch anders deuten: Für Thomas wird der Zweifel, sein Fragen und Nicht-Verstehen-Können zum Ausgangspunkt, um tiefer mit dem Auferstandenen in Berührung zu kommen. Interessanterweise lässt das Evangelium offen, ob Thomas dann tatsächlich die Wundmale Jesu berührt. Nur die Einladung Jesu an Thomas, dies zu tun, wird beschrieben. »Halte mich nicht fest« (Joh 20,17) hatte der Auferstandene wenige Verse zuvor zu Maria von Magdala gesagt. Darin steckt also ein weiterer Hinweis darauf, dass die Art und Weise, wie die Jünger Jesus nach Ostern erleben, nicht so einfach fassbar ist. Und doch wird uns Thomas hier als im sehr tiefen Sinne »Berührter« geschildert. »Mein Herr und mein Gott« (Joh 20,28) ist seine Reaktion auf die Begegnung mit Jesus.

In Berührung mit den eigenen Wunden

Die Berührung, die Thomas hier erfährt, hat in meinen Augen noch eine ganz andere Dimension. Und diese Art von Berührung ist auch den »Nachgeborenen« alles andere als fremd. Thomas kommt bei jener Begegnung nämlich nicht nur mit den Wunden Jesu in Berührung. Zugleich wird ihm ein tieferer Zugang zu seiner eigenen inneren Verwundung geschenkt. Was könnte seine Wunde gewesen sein? Vermutlich war Thomas gut zwei bis drei Jahre zusammen mit den anderen Jüngern und mit Jesus unterwegs. Viele für sie existenzielle Erfahrungen hatten sie miteinander geteilt. Es waren Erfahrungen, die sie spürbar geprägt haben. Dabei gab es sicher auch Spannungen zwischen den Jüngern. Das verschweigen ja auch die Evangelien nicht. Zugleich dürfte zwischen ihnen aber auch eine tiefe Freundschaft gewachsen sein.

In jenen Tagen nach dem Tod Jesu macht Thomas eine Erfahrung, die ihn auf doppelte Weise schwer trifft. Er ist unterwegs und kommt zurück in den Jüngerkreis. Da erzählen ihm diese von einer Begegnung mit dem Auferstandenen. Thomas könnte gespürt haben, wie sehr das, was in seiner Abwesenheit geschehen ist, seine Freunde verändert hat. Das dürfte ihm einen ersten »Stich« versetzt haben. Seine Freunde haben etwas existenziell Bedeutsames erlebt und er, Thomas, war nicht dabei. Ihn dürfte das Gefühl beschlichen haben, hier außen vor geblieben zu sein.

Zugleich klingt das, was ihm die Freunde erzählen, sehr realitätsfern. Der Meister, eben noch grausam am Kreuz hingerichtet, soll lebendig unter den Freunden gewesen sein. Diese sind fest davon überzeugt, dass es so war. Das versetzt ihm einen zweiten »Stich« in der Seele. Thomas kann seinen Freunden in einer für diese so existenziellen Erfahrung nicht mehr folgen, er kann ihnen nicht mehr glauben. Thomas könnte in dieser Situation eine gewisse Entfremdung erfahren haben. Wenige Tage zuvor hat er seinen Meister verloren, Jesus ist tot. Und nun kommt noch die Erfahrung hinzu, dass auch seine Freunde innerlich weit weg sind von ihm.

Thomas macht eine Erfahrung, die offenbar in jenen Tagen einige Jünger prägt. Sie werden mit ihren eigenen Wunden konfrontiert. Petrus zum Beispiel muss damit klarkommen, dass er in der entscheidenden Stunde den Meister verleugnet hat. Sein Selbstbild wird dies schwer getroffen haben. Denn Petrus war ja offenbar davon überzeugt, dass er der verlässliche Freund Jesu schlechthin ist. Die Evangelien schildern Petrus als denjenigen, der immer vorneweg dabei ist,

wenn es darum geht, seine Bereitschaft für Jesus zu be-
kunden.

Ostern scheint für diese Jünger mit einer ganz tiefen Erfahrung verbunden zu sein: Petrus und Thomas
erleben: Genau da, wo meine tiefe Verletzung ist, will
Jesus gegenwärtig sein. Dem Johannesevangelium zufolge macht Petrus am See Gennesaret die Erfahrung,
dass Jesus ihm neu Verantwortung für die Jünger überträgt. Thomas darf erleben, dass ihm der Auferstandene
auf ganz eigene Weise begegnet. Das scheint eine österliche Urerfahrung zu sein, welche Menschen in unterschiedlichen Epochen des Christentums immer wieder
geschenkt wird: Dort, wo die Wunde ist, dort öffnet
sich unerwartet ein Raum der Begegnung mit dem Auferstandenen.

Vielleicht hat dies auch viel mit dem Bild zu tun,
welches die Evangelien vom Auferstandenen zeichnen.
Sie betonen, dass der Auferstandene die Wundmale
sichtbar an seinem Leib trägt. Für die damalige Zeit
ist dies etwas Unerhörtes. Helden wurden gerne makel-
los dargestellt. Das führt uns noch der Beginn der
christlichen Kunst sichtbar vor Augen. Jesus begegnet
uns hier als der Jüngling, als der gute Hirt mit dem
Schaf auf den Schultern. Offenbar scheuten sich auch
die ersten christlichen Maler davor, Jesus als den Ge-
kreuzigten mit Wundmalen darzustellen. Für mich ist
dies ein Hinweis darauf, dass in dem, was die Evangelien als die Begegnungen der Jünger mit dem Auferstandenen schildern, tatsächlich ein historischer
Kern enthalten sein muss. Denn gerade die Betonung

der Wunden widerspricht dem Heldenverständnis der damaligen Zeit. Dies einfach nachträglich, etwa bei der Abfassung der Evangelien, zu erfinden, wäre ja eher unvorteilhaft gewesen hinsichtlich der beabsichtigten Wirkung der Texte.

In der Betonung der Wundmale könnte sich die Erfahrung der Jünger niedergeschlagen haben: Hier, an jenem ersten Ostern ging es vor allem um die Wunden. Wir haben in Jesus einen Gott erfahren, dem vor allem unsere Wunden wichtig sind. In Jesus zeigt sich uns Gott, der in und mit unseren Wunden einen neuen Weg zum Leben sucht. Die Wunden sind durch das Neue, was hier geschieht, nicht einfach weg, sie bleiben sogar sichtbar, spürbar. Bisweilen werden auch unsere Narben wieder aufbrechen, manches wird uns begleiten ein Leben lang. Aber es gibt einen neuen Weg zum Leben. Dieses Leben ist geprägt von der Beziehung zu Gott, und in dieser Beziehung haben gerade unsere Wunden und damit verbunden unsere Grenzen und unser Versagen einen Platz. Vermutlich liegt hierin eines der Geheimnisse der Wirkungsgeschichte des Christentums. Es zeigt uns einen Gott, bei dem der Mensch alles andere als perfekt sein muss. Die Osterevangelien zeigen uns Räume, in denen Wunden sichtbar werden. Darin steckt eine Mahnung, gerade auch für die Räume, die Christen heute prägen. Sie stehen unter dem Anspruch, österliche Räume zu werden, Räume, in denen die Wunden, die Grenzen und das Versagen heutiger Menschen einen Platz haben.

Wenige Stunden nach jenem Gottesdienst sitzen wir in der Pizzeria. Der junge Flüchtling ist nicht mitgekommen. Freunde haben ihn für den Abend eingeladen, wird mir berichtet. Doch unverhofft sitzt mir eine Frau am Tisch gegenüber, die meinen jungen Gesprächspartner sehr gut kennt. Wir kommen noch einmal über den Gottesdienst ins Gespräch. Und nun bekomme ich von meinem Gegenüber eine Erklärung, warum das mit den Tränen und Emotionen so anders lief als zwei Wochen zuvor in meinem Büro. Es hatte seinen Grund nicht darin, dass im Gottesdienst plötzlich so viele Menschen vor dem jungen Flüchtling saßen. Der tiefere Grund lag darin, dass der junge Mann unter den vielen Menschen jenen Menschen entdeckt hatte, der ihm bei sich zuhause Heimat gegeben hatte und weiterhin gibt. Wo wir erfahren, dass sich uns ein »Du« zuwendet und unsere Wunden dort einen Platz haben, geschieht Begegnung, Veränderung, Wachstum. Damals wie heute.

10. Kirche am Lagerfeuer

Wir hören sie in unseren Sprachen
die Großtaten Gottes verkünden.
(Apg 2,11b)

Ein lauer Sommerabend an meinem Urlaubsort. Für
heute Abend bin ich zu einer Jugendgebetsnacht eingeladen, Austausch und Besinnung. Später soll eine Eucharistiefeier folgen. Jetzt, zu Beginn, teilen sich die Jugendlichen in kleinere Gruppen auf und unvermittelt
sitze ich mit 20 jungen Leuten im Gras. In einer ersten
Runde sollen sich die Jugendlichen gegenseitig erzählen, wo und wie sie sich in der Jugendarbeit engagieren.

Immer wieder ist vom neuen Bischof dieser Diözese
die Rede. Dieser ist zwar ernannt, zum Zeitpunkt des
Jugendtreffens aber noch nicht zum Bischof geweiht.
Gerne wäre er wohl selbst gekommen, dies hat er den
Jugendlichen durch einen handschriftlichen Brief mitteilen lassen. Aber das war leider nicht möglich. Nun
kann man vermuten, dass ein ernannter Diözesanbischof in den Wochen vor seiner Weihe und damit vor
dem eigentlichen Beginn der Amtsübernahme allerlei
wichtige Dinge zu erledigen hat. Jener künftige Bischof
hatte hier eine eigene Schwerpunktsetzung vorgenommen und diese hat mich bleibend nachdenklich gemacht.

In seiner Diözese gibt es eine Region, in der eine
andere Sprache gesprochen wird. Zahlenmäßig ist dies

eine Minderheit. Hier hatte der Bischof für sich eine klare Entscheidung getroffen. Seiner Einschätzung nach reichten seine Sprachkenntnisse in jener zweiten Sprache seines Bistums nicht aus. Und so nutzte er einen Teil der verbleibenden Zeit bis zum Amtsantritt für einen Sprachkurs. Die Menschen jener Sprachengruppe und auch mich hat dies bleibend beeindruckt. Die vordringlichste Sorge des künftigen Bischofs war es, die Sprache des Volkes zu lernen.

Für mich ist dies ein hintergründiges Bild: Braucht es nicht immer wieder eine Art Sprachkurs, um jenem Verkündigungsauftrag gerecht zu werden, welcher die Botschaft des Evangeliums in einen tieferen Dialog mit Freude und Hoffnung, Trauer und Angst der Menschen von heute bringt? Wer eine Sprache tiefer studiert, erhält Zugang zum Empfinden und Denken von Menschen, die durch ihre Geschichte anders geprägt sind, als ich es bin. Je mehr ich in eine Sprache eindringe, von ihr verstehe, desto mehr begreife ich mich als ein weiterhin Lernender, als jemand, der den Anderen versteht und zugleich nicht versteht.

Pfingsten, das wir gerne als die Geburtsstunde der Kirche bezeichnen, beginnt mit einem Sprachereignis. »Wir hören sie in unseren Sprachen die Großtaten Gottes verkünden« (Apg 2,11b), so die Reaktion der Umstehenden auf die Verkündigung durch die Apostel. Nun wirkt es für den aufgeklärten Leser doch etwas fraglich, dass die Jünger – entsprechend der Zahl der hier erwähnten Völker – über Nacht plötzlich deutlich mehr als zehn Fremdsprachen beherrscht haben sollen.

Allein die Namen der Völker auszusprechen, welche am Pfingsttag nach Jerusalem kamen, bereitet manchem Lektor oder mancher Lektorin im Pfingstgottesdienst einige Sprachprobleme.

Eine derartige Sprachkompetenz war mit großer Wahrscheinlichkeit auch gar nicht notwendig. Die Völker im Osten des römischen Reiches und auch diejenigen aus den benachbarten Gebieten sprachen zur Verständigung untereinander oft eine einfache Form des Griechischen, also jener Sprache, in der auch die Schriften des Neuen Testaments abgefasst wurden. Gut möglich, dass die Jünger – oder zumindest diejenigen unter ihnen, die des Griechischen einigermaßen mächtig waren – sich einer einfachen Form dieser Sprache bedienten und sich so einem Großteil der Anwesenden verständlich machen konnten.

Die »Sprache der Geburt«

Worin lag dann aber das Besondere dieses Vorgangs, so dass dieser auch Jahrzehnte später bei der Entstehung des Textes der Apostelgeschichte festgehalten wurde? Zugegeben, im Text (der deutschen Einheitsübersetzung) ist tatsächlich von der »Muttersprache« die Rede (vgl. Apg 2,8). Das ist in der Tat etwas anderes als jene Sprache, die zur Verständigung zwischen unterschiedlichen Sprachgruppen diente, die jedoch nicht die eigentliche Muttersprache war. Der griechische Originaltext ist in seiner Formulierung hier etwas offener.

Fridolin Stier übersetzt den eben genannten Vers so: »Und wieso hören wir jeder unsere Sprache, in der wir geboren sind?« Was könnte aber möglicherweise mit dem Hinweis auf die »Sprache der Geburt« gemeint sein? Offenbar knüpften die Jünger nicht nur vom Inhalt her, sondern auch formal an die Art und Weise an, wie sie ihren Meister hatten sprechen hören. Jesus hatte in seinen Gleichnissen und Bildern die Lebenswelt seiner Zuhörer aufgegriffen. Damit zeigte er eine gewisse Beobachtungsgabe und auch eine besondere Wertschätzung dieser Lebenswelt. Vielleicht erklärt dies auch, weshalb Jesus, obwohl er aus einer Handwerkerfamilie kam, nur ganz selten auf Gleichnisse aus dem Hausbau zurückgriff. Oft verwendete er Bilder aus dem Leben von Ackerbauern und Viehzüchtern, also Szenen, die seinen Hörern geläufiger waren. So wollte und konnte er den Bogen schlagen zwischen der Lebenswelt der Hörer und dem, was mit seinem Kommen neu in dieser Welt präsent wurde.

Für die Apostel wird daher nicht nur der Inhalt, sondern auch die Art und Weise der Botschaft zur Norm ihrer eigenen Verkündigung. Unter diesem Anspruch, dass die Verkündigung der frohen Botschaft in einen wertschätzenden Dialog mit der Welt der jeweiligen Adressaten tritt, steht die Kirche bis heute. Um auch hier nicht falsch verstanden zu werden: Dies schließt mahnende und anklagende Worte nicht aus. Gerade dort, wo sich in einer Kultur Tendenzen zeigen, die Leben verhindern oder Leben zerstören, ist das kritische Potential der Verkündigung gefragt. Dies gilt nicht selten auch für die Verkündigung ad intra, also bezogen auf das kirchliche Handeln selbst und mögliche Fehlformen. Langfristig fruchtbar wird Verkündigung allerdings nur, wo sie ein Klima der Wertschätzung fördert. Mit einem Beispiel aus der Geschichte ausgedrückt: Die Zerstörung heidnischer Kultorte mag manchen Eingeborenen wohl beeindruckt haben. Einen tieferen Glauben grundgelegt hat ein solches Vorgehen – zumindest für sich allein genommen – wohl kaum.

In meiner alemannischen Heimat fällt auf, dass mehrere Wallfahrtsorte, die bis heute gerne besucht werden, dort zu finden sind, wo man schon aus vorchristlicher Zeit einen Kultort vermutet. Interessanterweise kommen zu diesen Orten auch Pilger, die längst nicht jeden Sonntag im Gemeindegottesdienst sind. Bei einigen Orten, etwa dem Bussen als dem »heiligen Berg Oberschwabens«, lässt sich eine vorchristliche Kultstelle archäologisch nachweisen, bei anderen ist es zumindest naheliegend. Offenbar haben die ersten Missionare meiner Heimat eine gewisse Sensibilität dafür gehabt, welche Orte seit Jahrhunderten für die Bewohner mit einer religiösen Bedeutung verbunden waren. So haben sie diese Orte in ihre Verkündigung integriert und damit zu Orten gewandelt, an denen bis heute Menschen mit eben jener Frohen Botschaft in Berührung kommen.

Ein solcher und in gewisser Weise fast archaischer Wallfahrtsort ist der Hörnleberg im Elztal in der Nähe von Freiburg. Ob er bereits in vorchristlicher Zeit als Heiligtum diente, ist nicht gesichert. Manche Aspekte seiner Topografie wie die spitze Form dieses vorgelagerten Berges legen dies nahe. Bis heute kommen die Wallfahrer fast ausschließlich zu Fuß. Das letzte, nicht asphaltierte Drittel der ohnehin steilen Straße ist eher für geländegängige Fahrzeuge gedacht. Gerne verbringe ich den Maianfang dort oben, und es ist beeindruckend, bereits am frühen Vormittag die Messe zu feiern mit Menschen, die alle in Wanderkleidung gekommen sind. Selbstverständlich tragen auch die Zelebranten unter dem Messgewand Wanderschuhe.

Wenig später im einfachen, holzgezimmerten Rasthaus nebenan gesellen sich bei Wurstweck und Bier auch Wanderer dazu, die nicht zuvor bei der Eucharistiefeier dabei gewesen sind. Es sind Jugendliche auf ihrer Tour zum Maianfang. Der Leiterwagen, den sie mit sich führen, verrät, dass sie mit dem Bierkonsum nicht erst warten, bis die nächste Rasthütte erreicht ist. Jetzt könnte man etwas irritiert fragen, warum diese Jugendlichen zwar auf den Berg, jedoch nicht zur Messe kommen. Ich werde keinesfalls meine Hand dafür ins Feuer legen, dass alle oder zumindest der größere Teil dieser jungen Leute nach dem Besuch im Rasthaus wenigstens kurz noch eine Stippvisite in der Kapelle machen. Zumindest aber ist es ein bemerkenswertes Phänomen, dass die Jugendlichen hier mehrere hundert Höhenmeter – samt bierschwerem Leiterwagen – nach oben steigen. Eine Rasthütte allein würden sie im Tal deutlich einfacher finden. Irgendwie sind sie wohl doch angezogen von diesem Wallfahrtsort.

Nach ausgiebiger Rast geht auch die Tour meiner Wandergruppe weiter. Etwa eineinhalb Stunden später erreichen wir auf etwa gleicher Höhe eine Gastwirtschaft, die an diesem Tag geradezu zum Magneten für die eben beschriebenen Jugendgruppen wird. Die Gaststube betreten wir nur ganz kurz, um unsere Bestellung aufzugeben. Die alkoholgeschwängerte Luft dort wirkt auf uns wenig einladend. Nach einer gemütlichen Runde auf der Terrasse vor der Hütte brechen wir auf, wieder ins Tal hinab.

Wir sind kaum einen Kilometer gegangen, da holt uns einer der jungen Leute ein. Sein Zustand verrät, dass er in der Wirtschaft keine Runde Schnaps ausgelassen hat. Wir kommen ins Gespräch. Er beginnt uns vom Brauchtum seines Dorfes zu erzählen, vom »Scheibenschlagen« oder, wie man bei uns im Dialekt sagt, »vum Schiebeschlage«. Möglicherweise verbirgt sich hinter diesem Brauchtum, das südlich des Kinzigtals im ganzen südlichen Schwarzwald und in angrenzenden Gemeinden verbreitet ist, ein alemannischer Initiationsritus. Im späten Winter bereitet der Jahrgang der gerade volljährigen männlichen Bewohner eines Dorfes auf einer Anhöhe einen großen aufgeschichteten Holzhaufen vor. An einem der Fastenwochenenden versammeln sich dort zu abendlicher Stunde die Dorfbewohner. Der Scheiterhaufen wird entzündet. Daneben ist eine kleine Rampe aufgebaut. Nun halten die jungen Männer eine quadratische Holzscheibe ins Feuer, bis diese zu glühen beginnt. Nacheinander schießen sie nun über die Rampe diese glühenden Scheiben ins Tal. Begleitet wird dies von einem speziellen Ruf: »Schibi, Schibo, wem soll die Schib go?« – Die jungen Männer widmen ihre Scheibe jeweils einem unverheirateten Mädchen.

Soweit der Brauch, wie er sich in vielen Gemeinden des mittleren und südlichen Schwarzwaldes vollzieht. Die Gemeinden rund um den Hörnleberg kennen darüber hinaus noch eine Besonderheit, welche uns der jugendliche Begleiter an jenem Nachmittag sehr anschaulich erklärt. Am Wochenende des Scheibenschlagens nämlich treffen sich die Bewohner des Dorfes nicht gleich beim Scheiterhaufen. Der erste Gang führt in die Kirche zu einer Eucharistiefeier. Dabei wird eine spezielle Scheibe gesegnet. Diese Scheibe trägt das Motiv der Gottesmutter vom Hörnleberg. Erst danach folgt das eigentliche Scheibenschlagen. Die Scheibenschläger stellen sich rund um das Feuer auf und beten den Engel des Herrn. Anschließend schlägt der sogenannte »Schiebevater«, also der Älteste des Jahrgangs, die Muttergottes-Scheibe ins Tal. Diese wird nicht wie alle anderen Scheiben zuvor ins Feuer gehalten. Geistlich gedeutet könnte man hinzufügen: Entzündet wurde Maria nicht erst am Scheibenfeuer, sondern schon deutlich früher, bei ihrer Begegnung mit dem Heiligen Geist in Nazaret.

Die Art und Weise, wie uns der junge Mann unter starkem Alkoholeinfluss und ohne zu wissen, wer seine Gesprächspartner sind, diesen Brauch erklärt, lässt erkennen, wie wichtig ihm und seinen Kameraden gerade auch diese Verbindung des Rituals mit der Gottesmutter vom Hörnleberg ist. Auf der Heimfahrt komme ich ins Nachdenken. Hier muss irgendwann vor vielen Jahrhunderten ein wachsamer sensibler Mitbruder den uralten Initiationsritus auf kreative Weise mit christlicher Symbolik und Botschaft in Verbindung gebracht haben, genau kann man diesen Verknüpfungsvorgang freilich nicht mehr rekonstruieren.

Jetzt könnte man einwenden: Ist das nicht ein Akt der Anbiederung an ein ansonsten sehr archaisches Geschehen? Verkommt kirchliches Leben hier nicht zu einer Art Folklore? Solche mehr folkloristischen und durchaus zu hinterfragenden Arten der Verbindung zwischen Kirche und volkstümlicher Kultur gibt es durchaus. Wichtig ist mir aber, hier genau die Zwischentöne wahrzunehmen. Unser Gesprächspartner war stark alkoholisiert. Seine Emotionen flossen daher ungefiltert in seinen Vortrag ein. Und genau dies ließ uns erkennen, dass die Verbindung jenes archaischen Geschehens mit einem Element christlicher Spiritualität in seiner Seele ein tieferes Echo gefunden hat.

Nun könnte man weiter kritisch einwenden: Ist das nicht doch sehr weit hergeholt? Wo bleibt hier der Kern der Frohen Botschaft von Tod und Auferstehung Jesu, der ja gerade in der Pfingstpredigt so anschaulich zur Sprache kommt? Wenn der Glaube Anschluss finden soll an die Dynamik der jeweiligen Seele, dann ist dies – wie bei allen seelischen Prozessen – ein sehr langsames Wachstum. Mir scheint, als leide unsere Verkündigung bisweilen darunter, dass wir zu schnell zu viel wollen. Wir benennen zwar den Kern des christlichen Glaubens. Doch können wir keine Brücke aufzeigen, mit der dies in Verbindung zu bringen wäre mit dem Gefüge dessen, was sich in der Seele der konkreten Menschen abspielt, die wir eben vor uns haben. Und dann folgt unter Umständen als Reaktion auf die ernüchternde Erfahrung, dass uns dies nicht gelingt, eine Banalisierung des Inhalts unserer Verkündigung.

Der Versuch jener Verkündiger, die das Umfeld des Hörnlebergs einst prägten, war es offenbar, Erfahrungen zu ermöglichen, die so etwas wie einen »Anker« in der Seele hinterließen. Äußerlich mag mancher weit weg sein von einem praktizierten Glaubensleben. Für ihn ist der kurze Weg vom besagten Rasthaus zur Kapelle offenbar weiter als der lange Anstieg auf den Berg zum Rasthaus. Dennoch, für diese Männer kumulieren im »Scheibenschlagen« zentrale Fragen ihres jungen Lebens: Partnerschaft, Mannsein, Gemeinschaft und die eigene Kraft. Wo dieses sehr vitale Geschehen auf kreative Weise in Verbindung gebracht wird mit der Welt des Glaubens, da wächst eine Ahnung, dass auch der Glaube selbst eine höchst vitale Dynamik in sich birgt. Eine solche – mehr vorbewusste – Grunderfahrung, abgespeichert in den Tiefen einer Seele, kann in einem späteren Moment des Lebens für die religiöse Biografie von großer Bedeutung werden.

Was ist Verkündigung? An diesem Nachmittag waren wir die Hörenden. Der junge Mann hinterließ in uns, ohne dass er dies in seinem Zustand bemerkte, eine Ahnung, welche Grundeinstellung es braucht, damit Menschen sich als von der Botschaft Jesu Berührte erfahren. Diese Berührung mag sehr rudimentär sein. Aber war es bei den von Jesus Berührten anders? Sie hätten wohl kaum zu Protokoll geben können, um wen es sich bei jenem Mann aus Nazaret handelte. Und dennoch waren diese Berührungen es wert, als Zeugnisse in die Evangelien aufgenommen zu werden.

Verkündigung in Gemeinschaft

Inzwischen ist der Bischof meines Urlaubsortes längst geweiht und eifrig unterwegs. Begeistert erzählen mir die Menschen der sprachlichen Minderheit ein halbes Jahr später, wie oft der Bischof in so kurzer Zeit schon in ihrer Region war. Predigen kann er inzwischen ganz gut in ihrer Sprache. Im direkten Gespräch mit den Menschen öffnet ihm seine sympathische Art manche Türe und bildet eine Brücke trotz bleibender Sprachbarrieren. Doch wird er ab und zu auch Schwierigkeiten haben, denn die Sprache jener Minderheit ist zudem noch sehr stark dialektal gefärbt. So ist er wohl auch weiterhin auf manchen Übersetzer angewiesen. Auch das ist mir ein wichtiges Bild für die Kirche geworden. In der Apostelgeschichte heißt es: »Alle wurden mit Heiligem Geist erfüllt und begannen in fremden Sprachen zu reden, wie der Geist ihnen zu sprechen verlieh.« (Apg 2,4) Jener erste Akt der Verkündigung war also ein Geschehen, das von vielen getragen und verantwortet wurde. Warum sollte es heute anders sein?

11. Barfuß klettern

Als sie von der Auferstehung der Toten hörten,
spotteten einige, andere sagten:
Darüber wollen wir dich ein anderes Mal hören.
So ging Paulus aus ihrer Mitte weg.
Einige Männer aber schlossen sich ihm an und wurden gläubig;
unter ihnen Dionysius, Mitglied des Areopags,
und eine Frau mit Namen Damaris und noch einige andere.
(Apg 17,32–34)

Es ist der zweite Tag unserer Wüstentour. Die beiden verbeulten Pickups sind mit dem großen Gepäck vorausgefahren. Unsere Gruppe ist bestens ausgerüstet mit Funktionskleidung, Wanderschuhen, Tagesrucksack und Kopfbedeckung. Mit leuchtenden Augen führt uns ein junger, groß gewachsener Beduine durch das Wadi. Nennen wir ihn Achmed. Er hat keinen Rucksack, sondern nur eine einfache Wasserflasche in der Hand. An den Füßen trägt er billige Badeschlappen, wie man sie sonst eher am Strand benutzt. Gegen Mittag erreichen wir eine imposante Felsformation, in deren Schatten uns Achmed eine Pause gönnt. Wir lassen uns in den Sand fallen und packen unsere Trinkflaschen aus, froh um den Halt und den Schutz vor der Sonne.

Achmed sucht sich keinen Ruheplatz. Vielmehr sehen wir plötzlich, wie er nach einem kräftigen Schluck aus der Flasche seine Sandalen abstreift und beginnt, barfuß den rot leuchtenden porösen Sandsteinfelsen hinaufzuklettern. Das wirkt gekonnt. Einzelne aus der Gruppe drücken spontan ihre Bewunderung aus. Trotzdem regt sich in mir ein mulmiges Gefühl. Muss diese leichtsinnige Kletterei hier sein? Achmed ist der Einzige, der sich hier auskennt. Mobilfunk – Fehlanzeige, wir befinden uns in einem der größeren Funklöcher, die dieser Planet noch hergibt. Inzwischen ist Achmed schon ein größeres Stück weit nach oben geklettert. Seine Gesten sind eindeutig. Obwohl wir seine Sprache nicht kennen, haben wir verstanden, dass er uns einlädt, es ihm gleichzutun.

Bald scheint er sein Ziel erreicht zu haben. Er ist längst noch nicht an der bizarren Spitze des Felsen angelangt. Vielmehr hat der Berg dort, wo Achmed jetzt steht, eine Einbuchtung. Unter seinen bloßen Füßen scheint sich so etwas wie eine Wanne aufzutun. Jetzt schaut der junge Beduine nochmals zu uns, dann beugt er sich mit dem Oberkörper nach vorne, holt mit seinem rechten Arm kräftig Schwung, taucht damit in das für uns unsichtbare Becken ein und – spritzt einen mächtigen Schwall Wasser in Richtung seiner Zuschauer.

Wenig später klettern einige aus unserer Gruppe ebenfalls den Felsen hinauf – natürlich mit festen Bergschuhen an den Füßen. Um es gleich vorweg zu sagen: Ich schloss mich ihnen nicht an.

Und dennoch hat mich diese Erfahrung mit Achmed bleibend nachdenklich gemacht. Dieser junge Muslim, der wohl kaum eine Vorstellung davon hatte, aus welcher Kultur wir kamen, hat mir einige Impulse für meinen Weg als Christ mitgegeben. Die Bilder hinterließen in mir ihre Wirkung.

Gerne bemühen wir in kirchlichen Kreisen das Bild vom »wandernden Gottesvolk« und lesen die Texte vom Exodus. Einem unbedarften Besucher mag es etwas seltsam vorkommen, wenn bei so mancher Besinnung im wohlklimatisierten Gemeindehaus mit kaffeegeschwängerter Luft von der Wüste und der Pilgerschaft die Rede ist.

Beduinen in Badeschlappen

Und doch – vielleicht ist die Wüstenerfahrung manchmal näher, als man vordergründig vermuten könnte. Angesichts der komplexen Fragen, mit denen wir tagtäglich konfrontiert werden, ob global, lokal oder im persönlichen Leben, kommen sich Christen bisweilen vor wie Relikte einer vergangenen Epoche, wie »aus der Zeit gefallen« oder – bildlich gesprochen – wie Beduinen in Badeschlappen. Nicht selten erleben sie sich auch von ihren Zeitgenossen als in dieser Weise eingeschätzt. Manch einer mag jetzt denken, das ist doch etwas weit hergeholt. Denn an Ausrüstung scheint es uns ja in der Kirche hierzulande wahrlich nicht zu fehlen. Gibt es da nicht vielmehr das Gefühl, als ob die Kirche allzu viel Ballast mit sich herumschleppt und so kaum vorankommt?

Beduinen in Badeschlappen? Als ich noch in der Hochschulseelsorge tätig war, verbrachten wir regelmäßig die Tage vor Ostern in einem Selbstversorgerhaus am Stadtrand von Heidelberg. Der Karfreitag war geprägt von einem mehrstündigen Kreuzweg, zu dem wir bereits am frühen Vormittag aufbrachen. Er führte uns an moderne »Kreuzwegstationen« wie das Klinikviertel oder den Platz der Alten Synagoge. Wenn wir dann gegen Mittag durch die belebte Fußgängerzone zogen, an den vielen Touristen vorbei, die gerade ihre erste Frühjahrseiscreme genossen, dann kamen wir uns schon etwas vor wie »Beduinen in Badeschlappen«.

Bei den Beduinen gibt es eine ähnliche Erinnerung wie bei jenen, die am Karfreitag den Kreuzweg mitten in einer Stadt beten: Vor einiger Zeit waren alle, die in ihrer Lebenswelt lebten so wie sie, sie waren Beduinen. Manche waren mit und andere ohne Sandalen unterwegs. Das Leben der Beduinen folgte festen Gesetzmäßigkeiten, die sich im Laufe der Jahrtausende herausgebildet hatten und die dem Einzelnen und der Gruppe halfen, das Leben unter den gegebenen Umständen zu bewältigen.

Inzwischen – so erfahren es die Beduinen – ist die große weite Welt auch bei ihnen angekommen. Täglich finden sich Touristen ein, die, gut ausgerüstet, die Wüstentäler erkunden und dabei auch allerlei Müll zurücklassen. Die Beduinen versuchen sich dem anzupassen. Deshalb sind sie tagelang nicht mehr mit ihren Herden, sondern mit den Fremden unterwegs. Wenn diese aufgrund politischer Spannungen plötzlich ausbleiben, sind die verlorengegangenen Einnahmequellen nicht einfach zu kompensieren.

Bisweilen erleben sich auch die Beduinen selbst als Wanderer zwischen zwei Welten. Abdul zum Beispiel, der ältere Bruder von Achmed, studiert in der nahegelegenen Stadt und kümmert sich zwischendurch um die Familie und die Tiere in der heimatlichen Oase. Die Kulturen haben sich längst vermischt, Achmeds Badeschlappen sind ja auch kein originäres Wüstenprodukt. Neue Herausforderungen, Wanderer zwischen den Welten und eine bisweilen etwas antiquiert anmutende Ausrüstung – es fällt nicht schwer, die Parallelen zu einigen Fragen christlicher Existenz heute zu ziehen.

Bei all dem hat Achmed – und mit ihm so manch anderer Beduine – einen Schatz in seinem Gepäck: Wo andere einfach den Felsen sehen und die Ästhetik der Bergformationen bewundern, sehen sie mehr. Sie haben eine Ahnung, wo das Wasser zu finden ist, ohne welches auch in dieser Wüstenlandschaft kein Leben möglich ist. Sie wissen auch, dass der Weg zum Wasser steil ist und Verletzungen an Händen und Füßen nicht ausbleiben, wenn man eben barfuß klettern muss. Achmed analysiert, wenn es darauf ankommt, die Wüste genau, nüchtern, abwägend. Zugleich glaubt er an die mündliche Tradition seines Stammes, dass da oben Wasser ist. Er bleibt nicht bei der Analyse stehen, sondern er geht los. Ruhig, überlegt, tastend, manchmal rutscht er ab. Den Blick hat er nach oben gerichtet, dorthin, wo er das Wasser vermutet. Immer wieder blickt er auch zurück, hat diejenigen im Blick, für die das Wasser bestimmt ist.

Auf Fühlung bleiben

Barfuß klettern für Christen – Schrammen und Verletzungen werden nicht ausbleiben. Mancher Stein wird losgetreten, der andere treffen kann. So wird deutlich: Das Ziel rechtfertigt längst nicht jeden Schritt. Es braucht ein gehöriges Maß an Sensibilität und Vorausschau. Und manche Schritte werden gar von ganz anderen Zielen bestimmt sein. Wer klettert, muss damit leben, dass einerseits das Ziel für ihn selbst eine enorme Anziehungskraft entwickeln kann. Andererseits ist es nicht selten so, dass diejenigen, die unten im Abstand zur Kletterroute stehen, den größeren Überblick haben. Ihre Zurufe, Routen zu korrigieren, gilt es durchaus ernst zu nehmen.

Wer barfuß klettert, bleibt in Fühlung mit dem Fels, der das Wasser in sich birgt. Für mich ist das ein tiefsinniges Bild. Bleibe ich »in Fühlung« mit dem Leben, das mir auf dieser Erde – wenn auch innerhalb meines beschränkten Horizontes – begegnet? Versuche ich, aufmerksam zu bleiben für die Geschichten, die mir mein Leben erzählt? In der Regel sind dies Geschichten, die von Menschen handeln, von ihren Sorgen und Nöten, von ihrer Hoffnung und Freude. Bin ich bereit, wie einst Mose, die Schuhe auszuziehen in dem Glauben, dass mitten im Alltag solche Orte sind, wo der Himmel die Erde berührt? Davon erzählt die Bibel, dass Menschen im scheinbaren Nichts der Wüste – im wörtlichen wie im übertragenen Sinne – die Erfahrung der Nähe Gottes machen. Daran auch in unserem Leben zu glauben, dazu ermutigt uns die Bibel, und an diese Ermutigung möchte dieses Buch erinnern.

Beduinen wie Achmed haben es gelernt, damit zu leben, dass ihnen auf dem Weg zum Wasser nur wenige folgen. Freundlich schauen sie auf diejenigen, die am Rastplatz stehenbleiben, die ihnen nicht selten kritisch nachblicken oder deren Gespräche längst wieder um Themen jenseits der Wüste kreisen. Das ertragen sie mit Gelassenheit. Aber es ist in der Wüste ihre vorrangige Sorge, dass alle das haben, was sie zum Leben brauchen, unabhängig davon, wo sie gerade stehen. Deshalb klettern sie los, suchen nach dem Wasser, für sich, für ihre Herden und für die Fremden. In ihrem Herzen haben sie die Hoffnung, dass genug für alle da ist. Zugleich lebt in ihnen die Sehnsucht, es mögen doch ab und zu welche losklettern mit Händen, Füßen und mit einer Ahnung im Herzen. Wenn nicht jetzt, dann irgendwann.